本书是国家级全国教育科学规划课题企业技能教育管理体制研究（BKA220030）阶段性成果。

鲍长生 翁爱治 著

人才社会需求与专业培养模式

——基于实践能力结构均衡发展改革目标视角

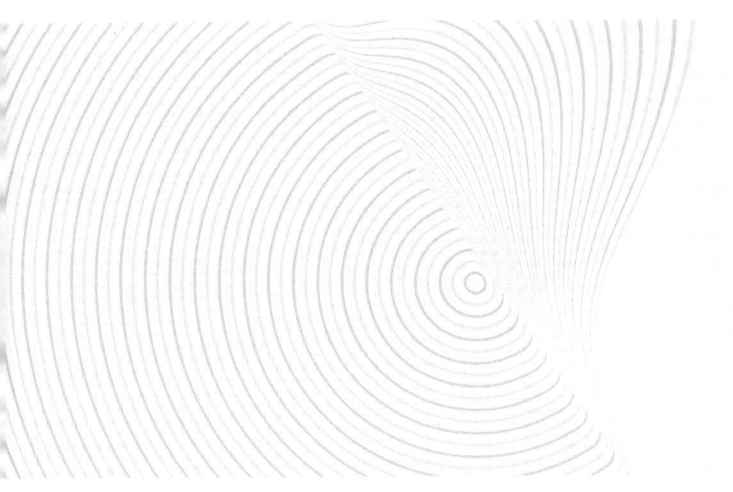

前　　言

随着我国社会主义市场经济的建立和科学技术的迅速发展，我国传统的人才培养模式逐渐暴露出它的弊端。每年都有大量的毕业生涌向社会，但部分毕业生不符合社会需求。为适应社会主义市场经济的需求，高校必须以社会需求为导向，明确人才的培养目标，积极探索新形势下的人才培养模式。而社会需求的日趋差异化也为各高校的人才培养模式创造了可供选择的空间。因此，不同类型高校应有不同的人才培养模式，各高校的人才培养模式应该立足于社会需求和自身办学条件的基础之上，体现各自的办学特色。我们遵循学生为本的原则，以社会需求为依据，分别设计了“毕业生跟踪调查问卷”和“用人单位对大学生的社会需求与培养质量调查问卷”，了解社会对经管类人才需求情况和毕业学生走向社会后的就业情况，分析社会需求与高校人才培养间的差距。在数据分析的基础上，就进一步深化人才培养模式改革的理论研究和教育教学改革进行探讨，为调整专业结构，构建基于实践能力结构均衡发展目标的人才培养模式，不断提高教学质量和人才培养质量，提供理论支撑和实践依据。

鲍长生撰写了本书第一至第六章。翁爱治参与了第五章的撰写。感谢王明华教授对全书的指导，并参与第六章的撰写。感谢苏振华、郑杏沁、胡慧婷、杨果、余陶丽等同学为本书收集和整理资料。

鲍长生

2022年仲冬于野马浜

目　　录

第一章　绪　论

第一节　研究背景

随着我国社会主义市场经济的建立和科学技术的迅速发展，我国传统的人才培养模式逐渐暴露出其弊端。每年都有大量的毕业生涌向社会，但部分毕业生不符合社会需求。为适应社会主义市场经济的需求，高校必须以社会需求为导向，明确人才的培养目标，积极探索新形势下的人才培养模式。而社会需求的日趋差异化，也为各高校的人才培养模式创造了可供选择的空间。因此，不同类型高校应有不同的人才培养模式，各高校的人才培养模式应该立足社会需求和自身办学条件基础之上，体现各自的办学特色。

一、大学生就业存在的问题

目前，人才市场存在大学毕业生在人才市场碰壁，而用人单位又不能招聘到合适人才的现象。其中，大学生就业能力与用人单位用人标准的不匹配成为就业难问题的主因。在这种严峻的就业形势下，高校毕业生需要通过有效方法提高自身的就业能力，提高与用人单位需求的切合程度，从而提高自身应对就业市场日趋激烈的就业竞争。新的经济环境为大学生创造了许多新的就业创业机会的同时，也给当今大学生就业带来了许多新的挑战。

（一）大学生面临的就业岗位竞争日益激烈

我国高等教育已从精英教育逐步过渡到大众化教育，人才供给数量不断增加。但是，新常态下经济增速放缓，使得就业岗位数量有所下降，供给侧结构性改革引发的工厂“关、停、并、转”导致就业岗位进一步减少，再加上机器人、大数据与人工智能领域的技术发展，必然对大量传统和非传统岗位有所替代，这样，至少在一段时间内，社会上总的就业机会可能不仅不会增加，反而还会有所减少。由此，越来越少的就业岗位与大众化教育时代越来越多的大学生之间形成了严峻的“供需不平衡”矛盾。另外，我国仍处于经济发展方式的转型期，经济的增长并未引起对大学生这类高素质劳动力需求的同步增长，大学生的“就业难”现象在一定程度上仍然存在。

（二）大学生就业的结构性矛盾进一步加剧

经济新常态带动了许多新兴行业、新型业态的涌现和发展，传统行业转型加速，所需的知识结构、能力、素质等出现了新的要求和变化，而当前我国高等教育的人才培养总体滞后于社会发展需求，导致相当一部分大学生因为自己的所学所能与市场相脱节，无法满足用人单位的职业岗位需求，“学非所用、学无以用”，导致面临“毕业即失业”的尴尬境地。大学生就业“一岗难求”与用人单位“一人难求”的结构性矛盾日益突出。此外，经济新常态下服务业迅速崛起，其吸纳的劳动力并不需要高技能、高素质的大学毕业生，导致一些学生毕业后因找不到对口的高质量工作，而只能从事薪水较低、专业不对口、“不满意”的工作。

(三) 大学生就业观念与新常态下就业形势错位现象凸显

当代大学生由于个人的生存压力减小，导致求职动力不足、求职选择挑剔、求职期待过高。一些毕业生就业时盲目追求自我实现，从而出现“有业不就”的现象。另外，不少大学生的就业观念固化，对好工作的理解等同于有编制的“铁饭碗”，择业时表现出较强的功利化特点，一味追求传统意义上“体面”的工作，而对于新常态下快速发展的第三产业就业倾向性不高。

(四) 自我定位不准确，眼高手低急于求成

对自身就业能力估量不准确、就业期望值过高是目前在大学毕业生中普遍存在的一个问题。大学毕业生大多认为经过大学期间的课程学习，已经具备了用人单位所要求的诸多能力，能够找到一份理想的工作。东部沿海经济发达城市是毕业生就业首选的工作地点，在他们看来，沿海开放城市经济发达，就业机会多、工资待遇高、工作环境好。毕业生宁愿成为大城市中的“漂族”“蚁族”，也不愿意到二、三、四线城市和基层就业。另外，绝大多数毕业生仍希望在机关事业单位和国有单位就业，对于到城乡基层生产一线、中小微用人单位就业积极性不高。

(五) 具备一定的专业理论知识，但实践经验匮乏

大学毕业生经过大学期间的学习，掌握了一定的理论知识，但这些并未达到现代社会对从业人员所要求的知识储备量。另外，由于大学生在校期间把主要的时间和精力都放在理论学习中，参与社会实践时间较少。实践能力与毕业后就业岗位要求还相距甚远。因此，大多数大学毕业生入职后需要经历一段边工作边摸索的阶段，才能慢慢适应

工作岗位要求。大学毕业生动手能力差、实践经验匮乏，这已经成为大学毕业生就业过程中的一个短板。

(六) 毕业生就业综合能力不足

随着社会的不断发展，现代用人单位对录用大学毕业生的要求也越来越高，用人单位对用人的需求由以往的粗犷型模式向精细型模式转变。用人单位在招聘毕业生时除了关注毕业生专业基础能力、业务素质外，更加看重毕业生个人综合素质、内在品质等。团队合作精神、人际交往能力、适应能力、自主学习能力、敬业精神、组织协调能力、分析问题与解决问题的能力，以及心理素质等综合因素都是用人单位考量毕业生的重要因素。由于毕业生于步入社会前在学习和处理问题上更多的是接受家人或者老师的安排，被动地接受知识，在主动分析问题、解决问题等方面积极性不够，导致毕业生自我学习能力、创新能力、分析解决问题等能力较弱。另外，由于校园和社会环境的差别使得一些毕业生到用人单位上岗工作后，不能很快进入新角色，过分追求自我存在感，工作缺乏责任心，人际交往的沟通协调能力不足，大局意识较差，对于工作中遇到的困难不能妥善解决。

二、人才社会需求的新趋势

(一) 专业基础知识与技能

岗位专业知识是为了能够完成该岗位的工作要求而必须具备的各项知识的综合。扎实的专业基础知识是大学生进行有效培养继而使其成为优秀人才的前提条件。越是技术性岗位对大学生的专业技术能力要求就越高，而这些专业技能正是大学生在大学期间所学到的能力。

(二) 大学毕业生的综合素质

综合素质已经成为大学生能否成功就业的一项考查指标。用人单位在招聘时除了看中大学毕业生是否具备良好的专业知识外,还特别看中毕业生在校期间担任干部情况、获奖情况、语言表达能力和逻辑思维能力、组织管理能力等。在用人单位看来,语言表达能力强的员工有助于人际沟通,促进企业内部和谐与发展;而逻辑思维能力比较强的人,在分析问题、处理问题时一般会比较严谨和细致;在校期间担任过学生干部,组织管理能力会比较强,做事比较有责任感;在校期间获奖情况则是大学生进取心、自主学习能力等方面的重要体现。

(三) 职业道德品质

从用人单位经营管理者的角度来讲,具有良好职业道德品质的员工有利于用人单位的内部管理,进而有利于公司发展。许多用人单位在招聘毕业生时除了看中毕业生的专业技能、专业知识以外,对于毕业生的思想道德品质、个人综合能力等方面也格外看重。因此,具有较高综合素质、总体综合实力强的毕业生,在求职过程中具有一定的优势,对于个人求职成功有着很大的帮助。

(四) 实践动手能力

实践能力是指一个人工作经验与适应性的表现。通过查看用人单位的招聘信息可以发现不少用人单位对于有工作经验者优先录用。对于用人单位而言,有工作实践经验的人员适应性强,所需培养时间短,能够较快胜任新的工作岗位。

根据上述分析,我国大学专业人才培养与社会需求间的契合度欠缺,大学人才培养模式存在着一定问题,培养社会所需要的高质量人才成为亟待解决的问题。据此,大学应寻求人才模式的创新来适应不断变化的社会需求。针对这一问题,本研究立足社会需求,通过对毕业生以及用人单位进行问卷调查。利用调查数据,运用统计分析法,分析比较社会需求与专业培养方式之间的差异,反映专业人才培养模式各方面的要求以及需要改进的地方,增强高校毕业生与社会需求之间的匹配度,使两者能够相适应,从而促进共同发展。

第二节 研究综述

一、关于人才社会需求的研究

关于社会对人才的需求,李庆恒、尚鹏飞认为,“社会人才需求模式由人才质量评价指标体系构成,反映社会要求人才应具备的各方面素质。现代社会企业越来越注重人才的个人综合素质,一方面,企业选择人才时要注重人才的实际工作能力和市场应变能力,要求人才对企业的忠诚,同时要具有相当的学习能力以适应不断变化的市场,具备合作能力才能够取长补短,适应国际化的市场需求。另外,作为个人要想成为企业需要的人才,就必须适应用人单位对人才提出的各种要求,从自身做起,不断提高自己的综合能力,这样才能够在激烈的人才竞争中拥有一席之地”[①]。由此可见,社会对人才的需求越来越强调其综合素质,因为人才的能力强而个性品质不好会给企业造成致命性的危害;而人才的个性品质好但能力不够强就不能给企业创造更大的利益,制约企

① 李庆恒、尚鹏飞:《社会人才需求模型研究》,《商场现代化》2006 年第 30 期。

业的发展。

美国劳工部就业技能委员会(SCANS)研究报告认为,一个合格的就业者应包括36项能力,并可以分为两大类:基础技能和工作胜任力。基础技能包括基本技能、个体特质、思考技能等3个部分;工作胜任力包括技术、资源、信息、系统、人际交往等5个部分[①]。奈特·P.和约克·M.(Knight, P. & Yorke, M.)认为,就业能力应该包括:对专业知识的理解能力、具有工作所需要的通用和专业技能、效能信仰以及体现战略反应和思考的元认知[②]。

哈维·李(Harvey)认为,一名有能力的就业者,必须具有自我学习意愿、专业知识储备、自我管理控制、与人沟通、团队工作和人际关系的能力。对于大学生来说,拥有这些就业能力不应该只是一种结果,一种表现为使学生找到工作的结果,而应该是一种长期学习的能力,在获得就业能力的过程中,使学生成为善于思考的人[③]。

郑晓明是国内研究就业能力较早的学者之一。他认为,大学生的就业能力是指大学生通过在校学习而获得的,能够用来实现自己的就业理想,满足社会需求,最终实现自身价值的知识和综合素质[④]。与此相似,文少保认为,大学生就业能力是以已经具备的学习能力为基础,进一步发展出来的与未来从事职业相关的,并与个体相融的一种综合能力[⑤]。谢志远认为,评价大学生能否满足社会需求,应考察大学生在

---

① SCANS. *The secretary's Commission on Achieving Necessary Skills*, 1991: 5-11.

② Knight, P. & Yorke, M. *Employability through the curriculum*, Skill plus project Report, 2001: 4-19.

③ Harvey Lee. "Defining and Measuring Employability". *Quality in Higher Education*, 2010, 7(2): 97-109.

④ 郑晓明:《"就业能力"论》,《中国青年政治学院学报》2002年第3期。

⑤ 文少保:《基于人才强国战略的我国大学生就业能力开发策略研究》,《现代大学教育》2006年第1期。

知识、技能、态度、个性、心理承受力等方面的综合情况①。朱新秤认为，大学生能够成功得到某份工作并且保证工作稳定以及在转换工作时所拥有的知识、技能、个性特征等，能够很快适应新工作的能力，就是就业能力②。曾湘泉则从基础性能力、心理素质能力、专业性能力、社会实践能力以及学习与创新能力等5个方面来考察大学生的就业能力。基础性能力主要包括组织协调能力、人际交往能力、语言文字表达能力、团队合作能力、领导与观察能力、信息处理能力及其他能力；心理素质能力主要包括环境适应能力、自我控制能力、敬业奉献精神、抵抗挫折能力、自信心及其他方面；专业性能力主要包括专业基础知识、专业相关知识广度、应用写作能力、计算机应用能力、外语能力及其他能力；社会实践能力主要包括专业实际操作能力、职业技能操作能力、职业规划与开拓能力、相关工作实习经验、解决具体问题能力及其他能力；学习与创新能力主要包括自主学习能力、创新能力、分析判断能力、反应与应变能力、逻辑思维能力及其他能力③。胡永青以美国劳工部就业能力结构为基础，面向浙江省大学生和用人单位进行了问卷调查，结果显示，用人单位在招聘过程中注重交往能力、适应能力、发展能力，毕业生却认为自己的基本技能、专业知识、发展能力是用人单位最看重的④。

二、关于专业培养模式的研究综述

关于高校人才培养模式，孙琳、谢璨认为，“自我国教育体系建立至

① 谢志远：《关于培养大学生就业能力的思考》，《教育发展研究》2005年第1期。
② 朱新秤：《就业能力：内涵、结构及其培养》，《广东社会科学》2009年第4期。
③ 曾湘泉、牛玲：《大学生就业能力与就业战略》，《中国大学生就业》2009年第4期。
④ 胡永青：《大学生就业能力结构与社会需求的差异研究》，《国家教育行政学院学报》2014年第2期。

今，教育结构也在不断探索与调整之中，从高等教育来讲，主要表现在理论与实践结合的失衡，我国高等教育重理论轻实践，重研究轻应用，重文轻理，重传统学科轻新兴学科，重学历轻能力的现象比较严重。因此，对高等教育调整是当务之急，我们要从眼下的基本步骤改革起，逐步优化高教结构，培养更多适合社会需要的人才，真正实施国家的人才战略”①。由此可知，现今的高校调整教育结构、改革人才培养模式以求适应社会的发展形势是很必要的。通过调整教育结构进而改革人才培养模式，达到培养人才综合素质的要求，使高校人才在社会中更具竞争力。

当前，我国高校毕业生就业能力与用人单位需求之间存在很大差距。究其原因：一方面，高等教育与用人单位的信息不对称，导致人才培养目标定位不准确，专业课程设置与社会相脱节，没有充分联系学习与实践。作为从高等院校接受教育的大学生，就无法正确认识所学专业知识对于用人单位来说的重要性。又因为有取得学位证书的各项要求，这导致学生更偏重于对知识理论的学习，而忽视了能够对自己未来职业发展有帮助的实践性学科。另一方面，用人单位对大学生除知识结构以外的综合素质方面，比如实际操作能力、个性、特长以及人际协调能力等提出的要求越来越高。为应对这些需求，高等院校也采取了各种措施进行改革，但收效甚微。毕竟，作为初高中应试教育接受者，毕业生一时之间难以改变以往的学习观念。大学生仍然认为学生的天职是学习，获取高分，就业能力可以在以后的工作中开始培养。殊不知，随着年龄的增长，很多应该具备的能力就越来越难以掌握。然而，对于用人单位来说，在招聘时期，同样的求

① 孙琳、谢璨：《浅析我国高等教育结构的调整》，《科教导刊》2010年第1期。

职者，如果拥有更多用人单位所需要的综合素质，则成功获得就业机会的可能性更大。

关于社会对人才需求与人才培养模式的关系，阎国华、邹放鸣曾指出，“大学要有自己的发展逻辑，完全离开社会的大学是不切实际的。目前大学人才培养与社会需求业已存在的脱轨之势，而社会需求与人才培养模式二者之间的互动是一种进步。由此可见，在大学与社会的导向主次争论中是不存在你死我活的根本矛盾的。我们追求的人才培养模式不是让大学远离社会需求，也不是完全倒向社会需求，而是人才培养模式与社会需求的并行不悖；大学对社会的服务是有目共睹的，但是也不能一味追求大学人才培养与社会需求之间的机械对接。我们关注的不能只是一种讨论，而是探索大学人才培养与社会需求之间相适应的机制，实现大学人才培养与社会需求的共同发展”[①]。由此可知，社会对人才的需求和人才培养模式两者之间并不是对立的关系，而是一种相辅相成的发展关系，两者中任何一个方面的脱轨都会打破两者的平衡发展，对双方都不利，因此可以说合则两利。

邢德刚则通过与日本、西方欧美等发达国家毕业生的就业模式进行对比，认为我国应强化高校就业指导和服务的责任，加强学校就业中心建设，推动中介机构和行业协会为毕业生就业服务，重视实习和实训工作，高度重视网络招聘信息和网上招聘，充分发挥政府部门的协同作用来改善我国毕业生的就业模式[②]。

目前，国内已有多位学者对大学生就业能力与社会需求差异化进

① 阎国华、邹放鸣：《大学与社会的共轭：人才培养与社会需求间的适度关系研究》，《东北大学学报》2013 年第 2 期。

② 邢德刚：《国外高校毕业生就业模式研究》，《教育研究》2009 年第 10 期。

行了相关调查研究，结果显示，两者之间确实存在着不同程度的差异。黄士安、上官飞采用配额抽样的方法对江西省大学毕业生（500人）、用人单位（500家）进行了调查，结果显示，社会责任感、创新能力、人际能力、动手能力与用人单位需求匹配程度不足50%；人文素质、团队精神、专业技能、学习能力、组织协调能力等与用人单位需求匹配度在30%～50%；只有身体素质与社会需求的匹配程度差距小于10%①。

三、人才社会需求与专业培养模式研究方法综述

伍亚华、王永斌、石亚中从大学生就业入手，从大学生角度出发，运用层次分析法，构建模型对大学毕业生就业质量进行评价，并结合实例对模型加以验证②。

周华全分析了就业竞争力的评价模型，通过优化评估指标及其影响因素，提出了改进的基于层次分析法的评价模型。实验数据表明，新方法可以更加准确、真实地反映毕业生的就业竞争力③。

玛丽亚·库塔（Maria Kuteeva）运用深层量化的数学模型探讨了来自不同学科领域的毕业生就业能力的选择倾向，研究结果表明，毕业生更为注重平时工作中所用到的书写能力、分析能力，且这两种能力的形成对今后工作中的自律意识有很强的影响④。

希瑟·K.S.拉辛格、格丽塔·卡明（Heather K.S. Laschinger &

① 黄士安、上官飞：《大学生就业能力与社会需求匹配状况分析——基于江西高校的调查》，《南昌航空大学学报（社会科学版）》2013年第4期。

② 伍亚华、王永斌、石亚中：《基于层次分析法的大学毕业生就业质量评价模型》，《蚌埠学院学报》2014年第2期。

③ 周华全：《基于层次分析法的高校毕业生就业竞争力研究》，《中国校外教育》2014年第4期。

④ Maria Kuteeva. "Graduate students' genre knowledge and perceived disciplinary practices". *English for Specific Purposes*, 2016, (41): 12-14.

Greta Cummings)主要观察了加拿大护理专业的应届毕业生在一整年的实习过程并挖掘出影响他们成功的因素。结果表明工作环境对于护理专业的毕业生普遍有最强正效应①。

蒋黎妮、郑世林通过调查问卷与专家讨论选取了就业率、就业结构、供需情况及满意度等 4 个指标作为评价高校毕业生就业质量的主要因素,其中就业率分别从“一次性就业率”和“年终就业率”进行评价。就业结构从就业性质、就业地域和自主创业率等指标进行评价。此外,自主创业率指标的确定也可以根据高校近几年来毕业生创业数量的变化情况,对该指标的比率通过乘以相应系数进行调整,最终得出该院校的就业质量的评价分数②。

卫铁林采用层次分析法研究了毕业生就业质量情况,使用了薪酬福利、劳动关系、个人发展等 3 个一级指标。其中薪酬福利包括劳动报酬、社会福利、社会保险;劳动关系包括劳动合同、工会组织、劳动保护、劳动时间;个人发展包括学习培养、专业对口、兴趣与岗位匹配或工作适应。同时采用层次分析法得出薪酬福利指标在高校毕业生就业质量评价中所占权重较大,个人发展的权重次之,说明大学生比较注重现实收入,其对大学生就业满意度影响较大,但同样重视本职工作的未来发展前景,个人发展与未来的薪酬福利关联性较强。在二级指标中,劳动报酬、劳动合同和单位性质对高校毕业生就业质量评价的影响较大③。

伍亚华、王永斌、石亚中从工作环境、劳动关系、福利和社会保障、

① Heather K. S. Laschinger & Greta Cummings. “A time-lagged study of new graduate nurses' transition to practice”. *International Journal of Nursing Studies*, 2016, (21): 13 - 17.

② 蒋黎妮、郑世林:《层次分析法在高校毕业生就业质量评价指标体系中的应用研究》,《中国教育技术装备》2015 年第 20 期。

③ 卫铁林:《基于 AHP 的高校毕业生就业质量评价模型构建》,《郑州航空工业管理学院学报》2013 年第 4 期。

聘用条件等 4 个一级指标来分析影响大学生的就业质量。其中工作环境由工作地点、安全环境、企业文化等 3 个二级指标构成；劳动关系由劳动合同和集体合同、三方机制、参与管理、平等协商、工会组织等 5 个二级指标构成；福利和社会保障由公积金、养老保险、失业保险、医疗保险、公司其他福利组成；聘用条件由专业对口、工作稳定和晋升机会、工作时间和技术培训、工资收入等 4 个二级指标构成。作者从大学生就业入手，从大学生角度出发，运用层次分析法，构建模型对大学毕业生就业质量进行评价，并结合实例对模型加以验证①。

周华全分析了就业竞争力的评价模型，通过优化评估指标及其影响因素，提出了改进的基于层次分析法的评价模型。实验数据表明，新方法可以更加准确、真实地反映毕业生的就业竞争力②。

郭荆、葛金虎分析了影响高校毕业生就业的主要因素，利用层次分析法相关理论，建立了毕业生就业前景评价模型。该模型可以确定出社会、个体、家庭以及学校等各类因素对当前高校毕业生就业前景的影响权重，并对毕业生的就业前景做出综合评价③。

文东茅分析了工资竞争理论、工作分层理论和工作竞争理论对我国高等院校扩招后所带来的对毕业生就业的实证影响，结论表明了三种理论在我国都有一定的适用性并且理论之间具有内在一致性④。

杨昱梅、李继娜以“就业质量”为目标，建立三层高校毕业生就业质量评价指标体系，运用 AHP 法为各指标赋权并测试 BP 神经网络得出

① 伍亚华、王永斌、石亚中：《基于层次分析法的大学毕业生就业质量评价模型》，《蚌埠学院学报》2014 年第 2 期。

② 周华全：《基于层次分析法的高校毕业生就业竞争力研究》，《中国校外教育》2014 年第 4 期。

③ 郭荆、葛金虎：《基于层次分析法的高校毕业生就业前景评价模型研究》，《西安石油大学学报》2011 年第 3 期。

④ 文东茅：《我国高校扩招对毕业生就业影响的实证分析》，《高等教育研究》2005 年第 10 期。

了更精确的结果[①]。

综上所述，随着我国的高等教育正逐步由精英化的教育模式向着大众化的教育模式过渡，社会对人才的要求日益发生着变化，从过去的重学历到现在的重能力、重职业道德和价值观，对人才要求的内涵日益丰富，“忠诚、责任感、专业进取与创新、团队协作和职业规范”等职业道德、态度及作为其内核的价值观，成为现代社会选人、用人的重要标准。因而，高校对人才培养模式也提出了新的要求。高校的教学模式、方法、理念、实践活动、师资队伍等都会影响人才的质量。

在扩招背景下进入校园的大学生正在陆续走向社会，随着越来越多的高校毕业生涌向社会，毕业生进入社会后的适应情况逐渐成为社会各界关注的焦点，国际权威调查机构麦肯锡发布的《中国人才发展报告》显示，中国每年毕业的大学生仅有 10%符合跨国公司人才需求，这一数据直接反映出我国高校培养的毕业生质量与社会需求存在着较大差距[②]。同时，当前大学生与用人单位“双向选择”制度取代了原有的“包分配”制度，这对于毕业生找到自己满意的工作、用人单位招聘到自己需要的人才都起到了一定的积极作用，然而目前的就业环境处于供大于求的“买方市场”环境下，用人单位对高校毕业生的要求越来越苛刻，学历和专业已经不是用人单位选贤的唯一标准，毕业生的素质能力匹配用人单位的需要逐渐成为众多人才需求单位考察的重点。正是在这样的背景环境下，本书通过大量的调查研究，深入分析用人单位与毕业生对社会需求的认知差异。

社会对人才的需求要求人才综合发展各方面能力以及思想道德，

① 杨昱梅、李继娜：《基于 AHP 和 BP 神经网络的高校毕业生就业质量评价研究》，《教育理论研究》2015 年第 7 期。

② 麦肯锡公司：《中国人才发展报告》，社会科学文献出版社 2010 年版，第 16—25 页。

同时高校人才培养模式也是以培养学生的综合素质为目标，从而才能协调两者的关系，促进两者和谐发展，于己于社会都是有利的。对于毕业生而言，如今面对的就业市场是一个双向选择的市场，仅凭一张文凭已经很难满足用人单位的需要，企业需要的是有一定的专业知识又德才兼备的综合性人才，高校毕业生必须做到知彼知己，有方向有目的地去培养自己，顺应用人单位的需求，这样才能顺利走上适合自己的工作岗位。但现有的研究主要从理论方面进行阐述，缺少实际数据支撑。因此本研究通过毕业生调查数据来具体分析社会需求和人才培养模式之间的差异，同时针对具体情况提出合理的方法促进两者共同发展。

第三节　研 究 设 计

一、研究目的

为了更好地了解用人单位对高校毕业生应该具备的各项就业能力的需求状况，以及高校人才培养模式存在的不足，我们遵循以学生为本的原则，以社会需求为依据，分别设计了“毕业生跟踪调查问卷”和“用人单位对大学生的社会需求与培养质量调查问卷”，了解社会对人才需求情况和毕业学生走向社会后的就业情况。通过对两方面数据的分析，可达到三个方面的目的：

一是通过用人单位对大学生的社会需求与培养质量调查，多维度分析社会对人才的需求状况、用人单位对高校人才培养的质量评价，以及高校在人才培养方面所表现出的不足之处。

二是通过实证数据分析高校人才培养模式与社会对人才需求的差异，有助于高校重新审视社会对人才的需求，反思自己的人才培养模式。为进一步深化人才培养模式改革的理论研究和教育教学改革提供理论支撑和实践依据。在此基础上调整专业结构，构建基于实践能力结构均衡发展目标的人才培养模式，不断提高教学质量和人才培养质量，使高校培养的人才更符合社会需求，培养和造就素质高、能力强的创新型人才，完成高等教育在社会主义现代化建设中应发挥的使命。

三是进一步加强学生与用人单位各方面需求的衔接，调整大学生专业学习结构，提升能力结构，强化自身个性品质培养，使高校培养的人才更符合社会需求，为用人单位提供更加优秀的人才。

二、调查项目

为了科学合理地设置用人单位对大学生需求的评价指标，本研究根据美国的SCANS(1991)研究，以及国内学者谢志远和曾湘泉的研究成果，将大学毕业生应该具备的能力概括为三大维度：知识结构、能力结构和个性品质，这三大维度就是对于就业能力的一级指标；每个维度分别由若干种具体能力结构构成，即对于一级指标具体划分后的二级指标，以及对于二级指标具体划分后的三级指标，共25种，构成5分制利克特量表，使其更贴近学校实际情况。针对此项研究，笔者编制了两张调查问卷，分别为“毕业生跟踪调查问卷”和“用人单位对大学生的社会需求与培养质量调查问卷”，毕业生调查问卷共涉及25个指标，用人单位问卷涉及17个指标，为了增强两张问卷的可比性，两张问卷的核心题目保持一致，核心题目的设计共包含4个层面：知识结构认知差异、能力结构认知差异、个性品质认知差异和培养方式认知差异，其中每一个大的层面下又细分为不同的细分指标，被调查者根据重要性程度为每一个指标打分，分值在1～5分，5分为最重要，1分为最不重要，整张问卷的结构设计如图1-1所示。

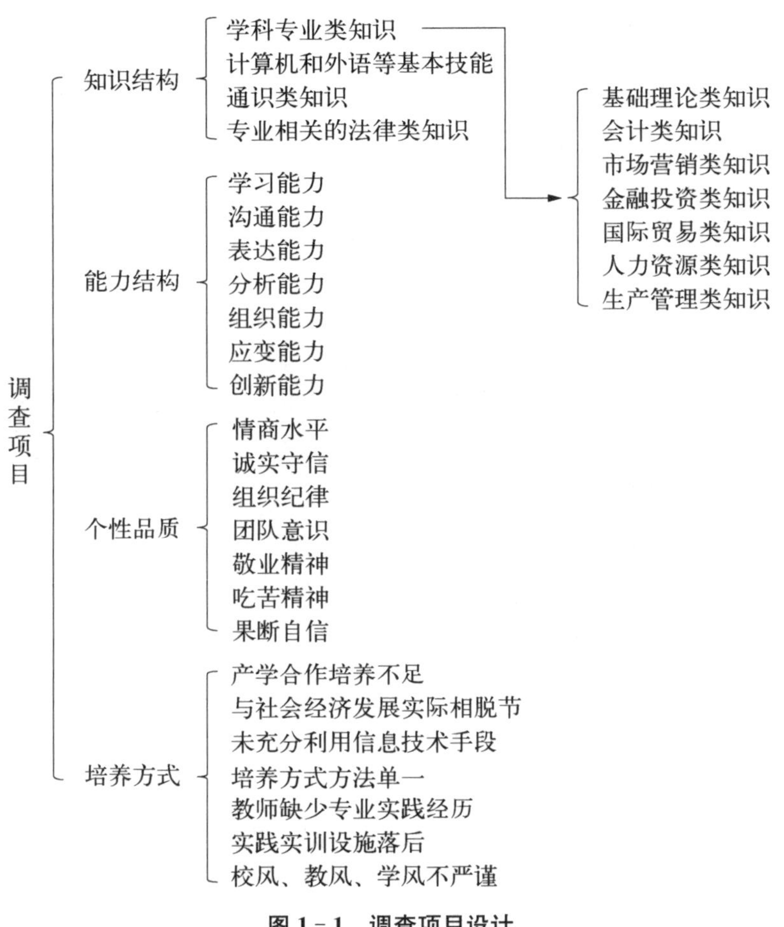

图 1－1　调查项目设计

第四节　人才社会需求调查实施

一、调查对象

本次问卷将考察的 25 种能力以三大维度分类在问卷中出现，要求受访者根据自己的理解与经验在 5 分利克特量表中对每种能力的重要性予以评价和打分(能力重要性的等级中,“1”表示不重要,“5”表示非常重要)。

本次“毕业生跟踪调查问卷”主要面向上海政法学院经济管理学院已毕业校友,以先电话沟通后邮件发放形式为主。此次共发放问卷1 044份,实际收回464份,其中有效问卷416份,有效受访毕业生基本情况见表1-1。

表1-1 受访毕业生基本情况

		频率	百分比(%)	有效百分比(%)	累积百分比(%)
毕业生工作年限	6年	40	9.6	9.6	9.6
	5年	36	8.7	8.7	18.3
	4年	29	7.0	7.0	25.2
	3年	59	14.2	14.2	39.4
	2年	70	16.8	16.8	56.3
	1年	182	43.8	43.8	100.0
从业人员数量	2 000人以上	88	21.2	21.2	21.2
	300～2 000人	129	31.0	31.0	52.2
	300人以下	199	47.8	47.8	100.0
工作职务	高层管理者	2	0.5	0.5	0.5
	中层管理者	26	6.3	6.3	6.7
	基层管理者	70	16.8	16.8	23.6
	一般员工	318	76.4	76.4	100.0
工作岗位	管理岗位	31	7.5	7.5	7.5
	财务管理	48	11.5	11.5	19.0

续　表

		频率	百分比（%）	有效百分比（%）	累积百分比（%）
工作岗位	市场销售	76	18.3	18.3	37.3
	人事管理	29	7.0	7.0	44.2
	生产管理	7	1.7	1.7	45.9
	信息管理	8	1.9	1.9	47.8
	其　他	217	52.2	52.2	100.0
合　计		416	100.0	100.0	

从受访毕业生毕业年份看，工作 1 年的毕业生占比最多，达43.8%，约占总人数的一半；其次是工作 2 年和工作 3 年的毕业生，分别占比 16.8%和 14.2%，而工作 4～6 年的毕业生较少，占比均低于 10%。可以看出，受访毕业生基本是离校不久刚步入职场的新人，更符合我们调查毕业生的初衷。

从毕业生工作单位的从业人员数量上看，将近一半（47.8%）的毕业生是在 300 人以下的企业工作，129 个毕业生（占比 31%）的工作单位从业人数在 300～2 000 人，而只有 88 个（占比约 21.2%）的毕业生工作单位从业人员超过 2 000 人。

从毕业生工作职务看，超过 3/4 的毕业生是一般员工；基层管理者占 16.8%；而高层管理者最少，只有 2 人，占比仅为 5%。由此可知，受访毕业生以中低层工作人员为主。

本次“用人单位对大学生的社会需求与培养质量调查问卷”发放对象主要分为 3 个方面：大学生实习基地、毕业生实习单位和工作单位，包含了党政机关、事业单位、国有企业、私营企业和三资企业等，受访人员职务也是涵盖了基层到高层。问卷主要以纸质形式发放给各企业职员，此次共发放问卷295份，实际收回150份，其中有效问卷108份，有效受访企业的基本情况见表1-2。

表1-2　受访企业的基本情况

		人　数（人）	百分比（%）	有效百分比（%）	累积百分比（%）
单位性质	党政机关	7	6.5	6.5	6.5
	事业单位	9	8.3	8.3	14.8
	国有企业	21	19.4	19.4	34.3
	私营企业	46	42.6	42.6	76.9
	三资企业	15	13.9	13.9	90.7
	其　　他	10	9.3	9.3	100.0
单位从业人员数量	2 000人以上	26	24.1	24.1	24.1
	300～2 000人	24	22.2	22.2	46.3
	300人以下	58	53.7	53.7	100.0
受访者职务	高层管理者	22	20.3	20.3	20.3
	中层管理者	45	41.7	41.7	62.0
	基层管理者	41	38.0	38.0	100.0
合　　计		108	100.0	100.0	

从受访企业性质看，私营企业比重最大，占42.6%；其次是国有企业，占比19.4%；三资企业占13.9%，事业单位占8.3%；党政机关占6.5%；其他单位类型占9.3%。由此可以看出，本次调查企业对象涵盖范围广，具有良好的参考性。

从受访企业规模看，大型企事业单位26家，占24.1%；中型企事业单位24家，占22.2%；小型企业58家，占53.7%。可知受访企业以小型企业为主，大型和中型企业也占有相应的比例。

从受访者职务来看，中层管理者所占比例最高，为41.7%，其次为基层管理者，为38%，占比最少的为高层管理者，只有20.3%。可以看出，受访工作人员都是管理阶层，且各管理层人员相差并不大。

从调查对象的样本来看，往届毕业生均是毕业不久、社会经验不多、职位偏低的新职工，涵盖了不同的专业背景；而企业受访人员均是管理者，所属单位性质覆盖面广，之间有一定的区分，更符合研究需要，有助于我们对两者的就业能力认知进行比较分析，研究其匹配度。

二、调查方法

本研究主要选取上海政法学院经济管理学院往届毕业生以及毕业生所在的单位为调查对象，选取了毕业生中工作年限为1～6年的毕业生工作单位为研究对象。这样大的跨度，不管从时间上，用人单位可以对就职毕业生的了解程度非常深入，还是空间上，用人单位对不同毕业年份毕业生的需求情况是否有不同需求，都能得到体现，有助于毕业生适应社会对求职人员的新需求。

为确保调查数据具有代表性，本研究对调查对象采用随机抽样。同时，为了使本次调查数据客观真实，问卷采用匿名寄送和当面发放相结合的形式进行，承诺被调查者的信息完全保密。此次调查共发放问卷600份，回收有效问卷417份，问卷有效率69.5%；共发放用人单位问卷200份，回收有效问卷101份，问卷有效率50.5%。从统计的结果来看，各方面数据比较符合实际情况，抽样结果具有普遍代表性，所得的数据可以作为科学分析的基础。

本次对上海政法学院经济管理学院 30 家实践(实习)基地采取全面调查。经济管理学院已签约的实践(实习)基地有 30 个。实习基地既有物质生产领域的生产性企业,也有流通类和金融及服务类多家企业。既有中小企业,也有上市公司和外资企业。上海政法学院经济管理学院在实习基地实习的学生占应实习学生的 60%以上。经过较长时间的交流和互动,大学生实习基地对学生有较为全面的了解。

通过上述两方面的调查活动,我们共取得有效问卷 100 份(具体情况见表 1－3)。

表 1－3　用人单位调查问卷基本情况

调 查 对 象	发放问卷(份)	回收问卷(份)	有效问卷(份)
大学生实习基地	30	28	22
毕业生工作单位	165	83	78
合　　计	195	111	100

被调查的毕业生选取了工作 1～6 年的毕业生。工作年限为 6 年的毕业生一共发出 89 份,回收 45 份问卷,其中有效问卷 38 份,无效问卷 7 份。工作年限为 5 年的毕业生一共发出 92 份,回收 34 份,其中有效问卷 33 份,无效问卷 1 份。工作年限为 4 年的毕业生一共发出 202 份,回收 42 份,其中有效问卷 33 份,无效问卷 9 份。工作年限为 3 年的毕业生一共发出 121 份,回收 63 份,其中有效问卷 49 份,无效问卷 6 份。工作年限为 2 年的毕业生一共发出 330 份,回收 71 份,有效问卷 61 份,无效问卷 10 份。工作年限为 1 年的毕业生一共发出 210 份,回收 210 份,有效问卷 188 份,无效问卷 22 份。合计发出 1 044 份问卷,回收问卷 388 份,有效问卷 340 份,无效问卷 48 份(具体情况见表 1－4)。

表 1－4 毕业生调查问卷情况

	工作 6 年	工作 5 年	工作 4 年	工作 3 年	工作 2 年	工作 1 年	总计
发出问卷(份)	89	92	202	121	330	210	1 044
回收问卷(份)	45	34	42	63	71	210	465
有效问卷(份)	38	33	33	49	61	188	402
无效问卷(份)	7	1	9	14	10	22	63

第二章　人才社会需求与专业培养模式调查的描述性统计

第一节　人才社会需求调查的描述性统计

一、用人单位的总体需求

社会对人才的能力方面需求主要偏重在能力结构、个性品质和知识结构等三方面，而能力结构是最重要的，个性品质其次，知识结构却是最次的。能力越高可以为社会所创造的效益也越高，因此能力结构最重要也是必然。而个性品质是人才在能力结构方面之后的另一个重要部分，若只是有能力而无品质对社会来说其危害性会很大。在知识结构方面，现今社会的需求决定了它的弱势地位，也与高校在知识结构培养方面的延后性有关。

二、知识结构需求

大部分毕业生认为：所学学科专业知识不重要，计算机和外语等基本技能很重要，甚至是最重要的，而与专业相关的法律类知识和通识类知识在社会上也是需要的，因为高校培养的知识方面与社会需求之间存在时间差和延后性，所以学生所学的学科专业知识到实际中运用得很少，而计算机和外语在实际中运用很普及，也就意味着社会对人才这方面的需求是必要的。同时，专业相关的法律和通识知识在实际社会中对于处理事情和其他方面很有帮助，因此它的重要性也不一般。

三、专业知识结构需求

基础理论类知识、会计类知识、市场营销类知识、金融投资类知识、国际贸易类知识、人力资源类知识和生产管理类知识在社会上普遍会用到，因而其需求性都是较高。基础理论类知识有助于学生认识社会上相关专业的工作和需求，为了以后的就业奠定基础和选择方向；会计类知识、市场营销类知识、人力资源类知识在社会中运用很普遍，实用性很强，因而其重要性也就不言而喻；金融投资类知识和国际贸易类知识以及生产管理类知识在从事相关的工作时，运用方面有很强的针对性和实用性，所以现今社会对人才的要求在这三方面有明确的需求。

四、能力结构需求

在能力结构方面，无论学习、沟通、表达、分析，还是组织、应变和创新能力，都是社会所需求的，并无孰优孰劣之分。但具体到个体来讲，同时具备全方位的能力是不可能的，因此在一些方面能有特长实际来讲已经很有优势了。在社会中会面对各式各样的问题和需要学习的地方，所以学习能力、沟通能力、表达能力、分析能力、组织能力以及应变能力在处理问题和弥补自身的不足之时会起到很大的帮助作用，使问题简单而明确，从而更好地得以解决。而创新能力是当今社会所必要的，现在我们正在创建创新型社会，创新不是说说而已，在落实到具体方面有很多问题和困难,因此创新能力的具备是很有必要的。

五、个性品质需求

从个性品质来看,可以简单分为情商水平、诚实守信、组织纪律、团队意识、敬业精神、吃苦精神、果断自信等七个方面。与能力结构不同,个体可以完全拥有这七方面的品质,而且这七个方面都是社会所需求的品质。良好的个性品质不管是在工作中还是平时与人相处中都会发挥很重要的作用,使我们处理问题和完成工作更简单、快捷,效率也更高。同时,企业对员工个性品质的需求更强于对能力的需求。

六、大学生在实际岗位中突出的问题

数据分析显示,上海政法学院毕业生认为大学生在实际工作岗位中突出的问题是实践能力薄弱的比例(20.95%)最高;其后依次是缺乏具有行业特点的专业背景知识(18.36%)、所学专业知识与实际的工作需要相脱节(17.06%)、技术知识不扎实(14.9%)、技术知识面窄(11.88%);而不充分了解相关行业的法规标准知识与管理知识薄弱的比例(8.42%)相同,并且最低(见图 2-1)。

七、大学生职场发展较快的原因

调查数据显示,用人单位认为大学生职场发展较快的原因方面,学习愿望强烈的比例(27.58%)最高,其后依次是更能吃苦耐劳(21.75%)、能服从组织安排(19.73%)、专心本职工作(16.59%),而认为是由于专业知识的比例(14.35%)最低(具体见图 2-2)。

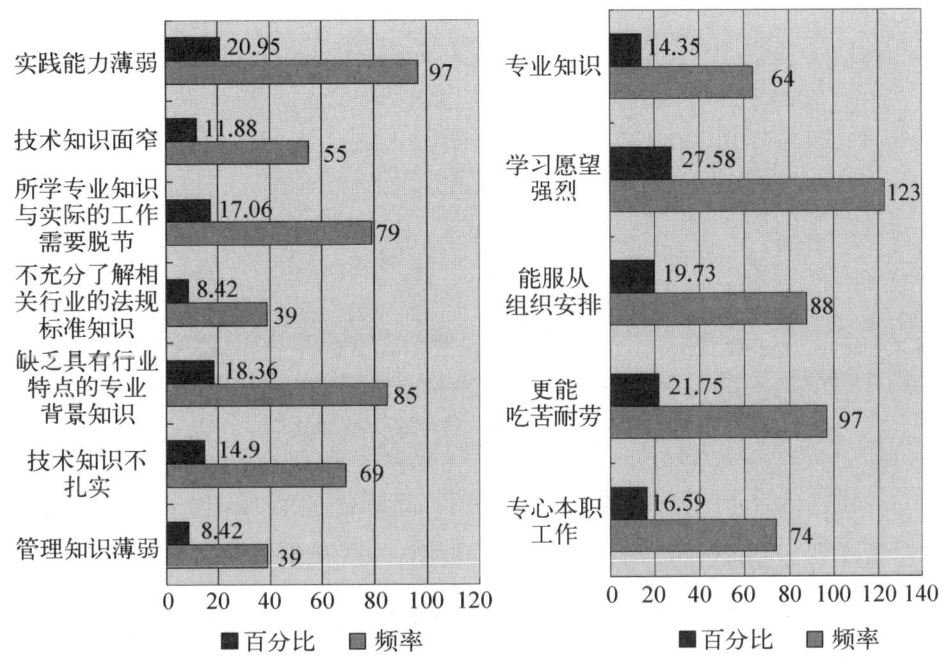

图 2－1　大学生在实际岗位中突出的问题　　**图 2－2　大学生职场发展较快的原因**

第二节　专业培养模式调查的描述性统计

一、需要加强的知识结构

如图 2－3 所示，高校对于管理知识、行业背景知识和相关法律知识方面的培养较欠缺，而在基础理论、外语、通识知识和计算机知识方面的培养还是比较到位的。大学生要具有广博精深的知识储备，其知识构架应该是以所学专业知识为主架、以其他基础知识为支撑、以相关边缘知识为基干的知识系统。

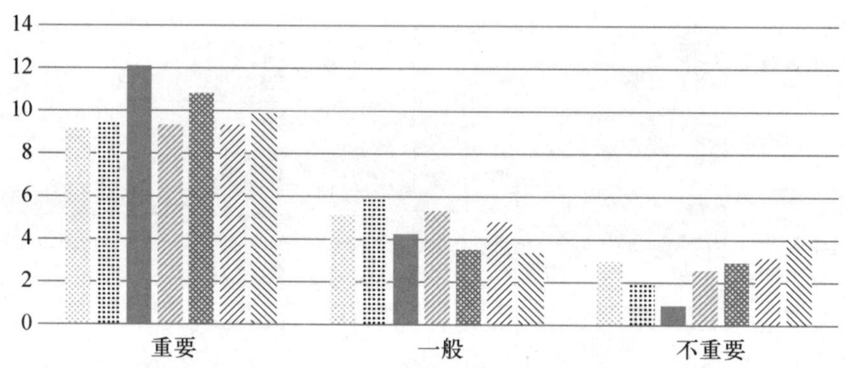

图 2-3 实际工作岗位中较欠缺的知识

高校人才培养的落脚点在于教学，加强教学管理、提高教育教学质量是各级各类教育永恒的主题。要进一步深化以实施素质教育为核心的教育教学改革，根据社会经济发展需要，调整课程教学内容，合理规划教育结构，妥善安排高等学校布局结构和学科专业结构，努力培养学生的综合素质。高校在学科建设上要有前瞻性，站在学科发展前沿，提高学科整体优势，尤其要重视边缘、交叉学科及新兴学科的建设和发展。此外，还要注重学科建设的集成与综合，发展综合学科，提高学科专业的覆盖率，建立基础扎实、结构合理、特色和优势明显的学科体系。

二、需要加强的能力结构

高校在培养人才方面比较偏重理论教学，而实践能力和学生的品德品质等方面普遍处于很缺失的状况。毕业生在进入社会之后才发现在这些方面的缺失，因此才会发出在这些能力方面要加强的声音。具体而言，高校要注重 10 个方向的培养：社会交往和沟通能力、组织管理能力、学习能力、口头与文字表达能力、创新创业能力、分析判断能力、职业奉献精神、团队协作精神、诚实守信品质、独立工作能力。

高校完善重能力培养的多样化教学方法，以培养学生的创新能力、提高学生的综合素质，强调实践效用是知识的价值所在，大量增加跨学科、前沿性和应用性的课程并加大实践环节的力度，通过主修、辅修和选修方式，强调理论与能力的有机契合。开放型人才将是未来社会所需人才，他们要具有全球经济战略眼光、较强的沟通活动能力，以及丰富的文化底蕴和技术运用能力(具体见图2-4)。

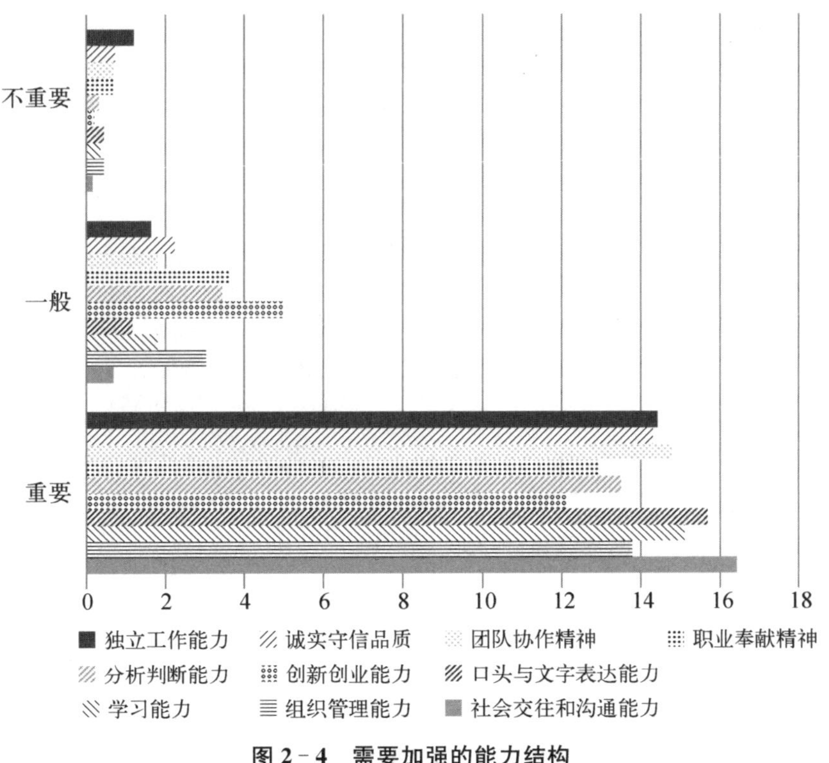

图2-4 需要加强的能力结构

三、培养过程中较突出的问题

调查结果显示，用人单位认为高等院校在学生培养过程中较突出的问题是与实际部门缺乏联系和交流，比例高达18.78%；其后依次是实践能力欠缺（18.25%）、对市场前沿问题关注较少（15.03%），而认为忽视学生职业道德等方面的培养（9.48%）与认为专业设置与实际脱节（9.48%）的比例持平；然后是培养模式单一（8.41%）、教师缺少专业实践经历（5.55%）、基础理论陈旧（4.47%）、实践实训设施落后（3.76%）、专业结构和课程体系不合理（3.4%）、教学管理弱化（1.97%），而校风、教风、学风不严谨的比例（1.07%）最低（具体见图2-5）。

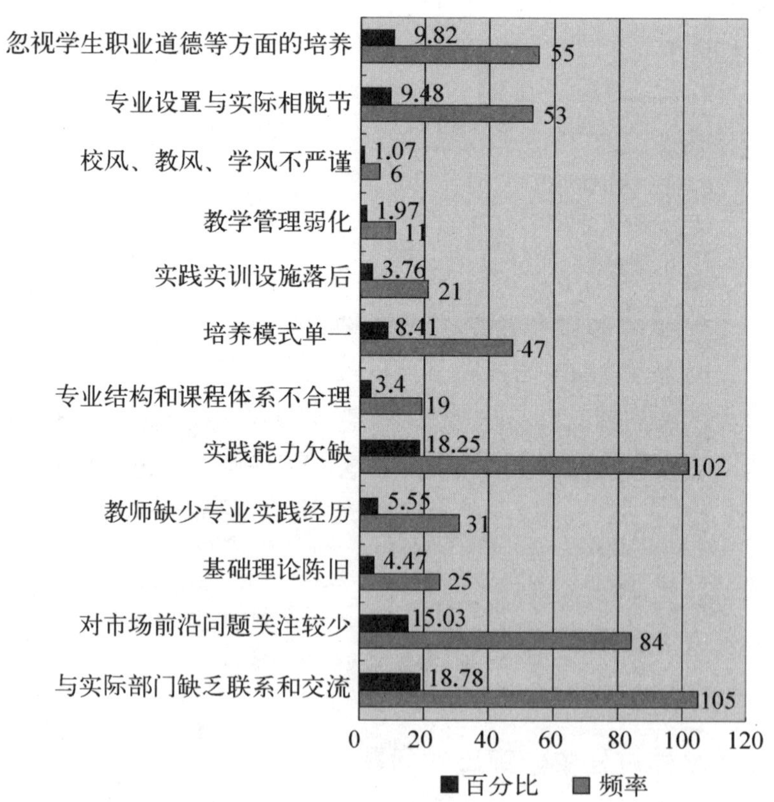

图2-5　学生培养过程中较突出的问题

四、教学环节的改革

理论教学就要涉及课程体系、师资力量、教学方式方法、实训实践、课外活动和教风学风等方面。目前课程设置方面过于笼统和宽泛，虽然在教学中有厚实的理论基础，但基础理论教学多为通用教材，而体现专业特色的技能课程教学相当薄弱。师资力量方面，教师的理论水平和实践能力有一定的出入，因而在教学环节更偏重理论性教学，与实践能力的结合有所欠缺。同时，实训实践和课外活动也相对较少，对学生而言，不能实现知识与能力的有机结合。

高等院校是人才培养的最好载体，高校的教学模式、方法、理念、计划、师资队伍、经费投入、实践基地的建立等都会影响到人才的质量。高水平大学在培养人才方面应该注重在现有的授课条件下创新授课方法，增强学生在课堂的主体性地位，形成互动，还要提高学生的实践能力。高校人才培养模式的改革，必须坚持以人为本，树立特色人才培养模式的理念，做到重视教育质量与完善教育改革并驾齐驱。同时，高校专业教师要努力成为“双师型”人才，除了学科继续教育外，还应创造条件让老师深入企业和其他用人单位，从事一些项目开发、技术改造等操作性较强的工作，开发一些实用性的课程，以指导学生实习、实训能力（具体见图 2 - 6）。

五、培养方式的改革

现有的高校学生培养方式方法有很多不足之处，在产学合作培养不足、与社会经济发展实际相脱节、未充分利用信息技术手段、培养方式方法单一、教师缺少专业实践经历、实践实训设施落后和校风、教风、学风不严谨等方面都有不同程度的体现。通过数据可以

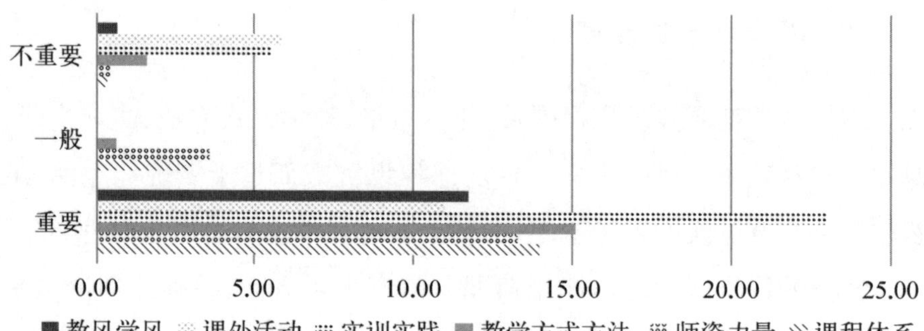

图 2－6　需要加强的教学环节

清楚地看到在这些方面的评分，反映出在这些方面亟须改进或者加强。

从高校教育自身特点及其教育功能来看，高校人才培养是一个周期性相对较长的过程，讲究系统性、稳定性和正规化，其效益作用的显现也比较缓慢。因而，高校对人才的培养要从品德素质、知识结构、能力结构和实践应用等 4 个方面综合培养，才能培养出适合未来社会发展需要的复合型人才。这就对高校的教学模式、方法、理念、计划、师资队伍、经费投入、实践基地的建立等方面有所要求。

高校人才培养应适用社会发展需求，重点关注人才的培养，不仅重视人才知识学习，更应重视人才的人格培养。目前存在过分重视学历，把学历作为教育的价值取向，忽略了人才能力的培养。要改变传统上高校重视招生、轻培养、忽视社会需求及学生就业倾向的做法。用终身教育观点看，学历只是学习过程中一个阶段的学习经历，能力才是衡量一个人终身学习成绩的重要标准，高校人才能力培养才是高校培养人才的最终目的。运用教育手段优化组合教育资源，把学科系统知识、人才学、心理学、实践操作等环节有效结合。

结合前面的分析，在这里继续补充两点：引导大学生和全社会树立正确的观念和增加毕业前实习实践活动、加强高校与企业合作。

当前，在就业观念上，一方面，社会、家长和大学生还未完全从过去的影响中走出来，全社会还未形成有利于高校毕业生形成正确就业观念的良好氛围；另一方面，高校毕业生就业指导教育时间滞后、内容缺乏针对性、形式较为单一。要利用新闻媒体大力宣传国家的就业方针政策，提高全社会对做好高校学生就业工作重要性的认识，形成有助于高校学生就业的良好宣传氛围。同时，努力纠正社会各方面用人观念上的偏差，引导全社会树立正确的人才观念，改变盲目追求高学历的做法。

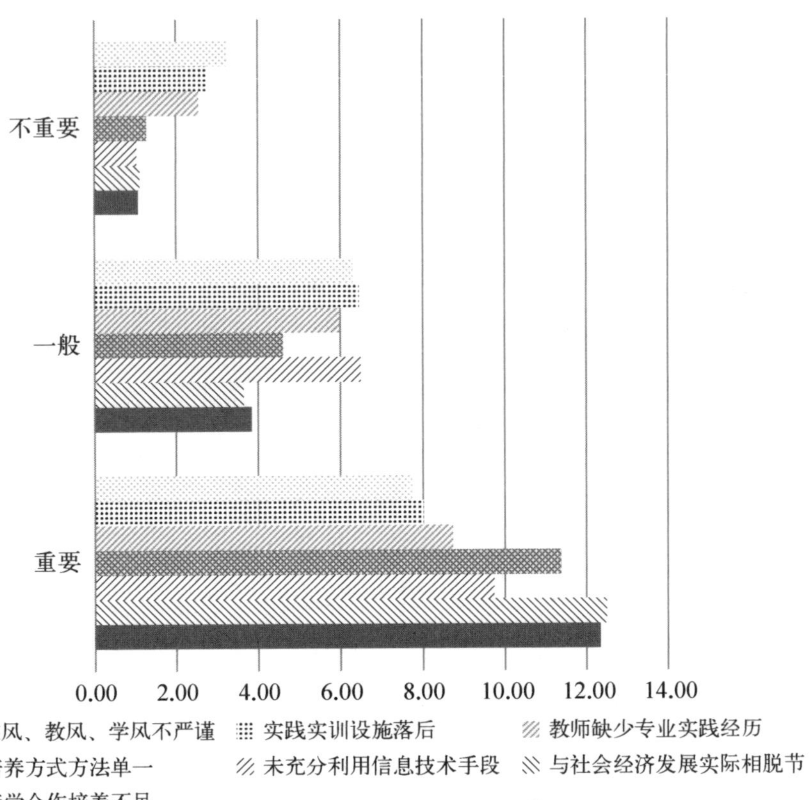

图 2-7 需要改进的培养方式

高校应增加毕业生毕业之前的实习实践活动，重视与企业的合作，深入了解企业实际的用人需求，多深入企业内部进行实践，这样可以增加学生在企业工作的经历和经验，很大程度上能帮助学生了解自己的优点和缺点，回到学校能及时进行补充学习，提升自己的业务水平和技能素质，使自己毕业之后能具有适应企业需求的技能。

第三章 人才社会需求的排序及交叉分析

通过总体分析，我们初步掌握了用人单位的需求项目和因素，但还要在此基础上进一步分析这些项目和因素的重要性。因此，我们进行用人单位需求项目的排序分析，确定每个项目最重要的5个因素。

第一节 人才社会需求的排序分析

一、大学生需要掌握的知识排序

调查结果表明，绝大多数用人单位认为专业技术类知识是最重要的，专业知识对于一个人能否在工作中取得成就具有很大的作用。专业知识好，本职工作才能做得好。其次是通识知识和信息技术类知识，外语排在第四位，法律类知识排在第五位（见图3-1）。

二、大学生应掌握的专业知识排序

从图3-2可以看出，多数用人单位认为经管类学生最应该掌握好基础理论类知识，这一点达成共识。对于经管专业的大学生来说，基础理论知识是十分重要的，它是专业知识的理论基础，有了扎实的基础理论知识才能够在工作中不断创新。所以基础理论知识不可忽

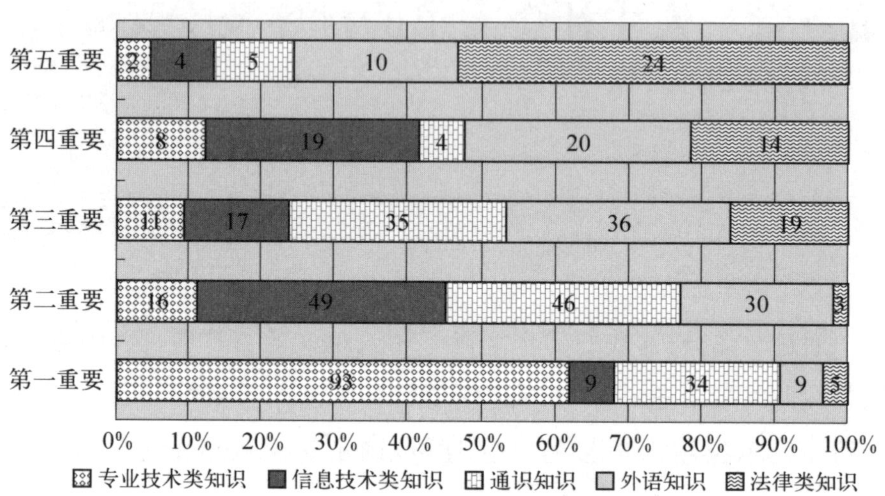

图 3-1 大学生需要掌握的知识排序

视。市场营销类知识排第二位，这与我国目前处于买方市场，大部分企业需要加强市场销售有关。国际贸易类和金融投资类知识并列第三。

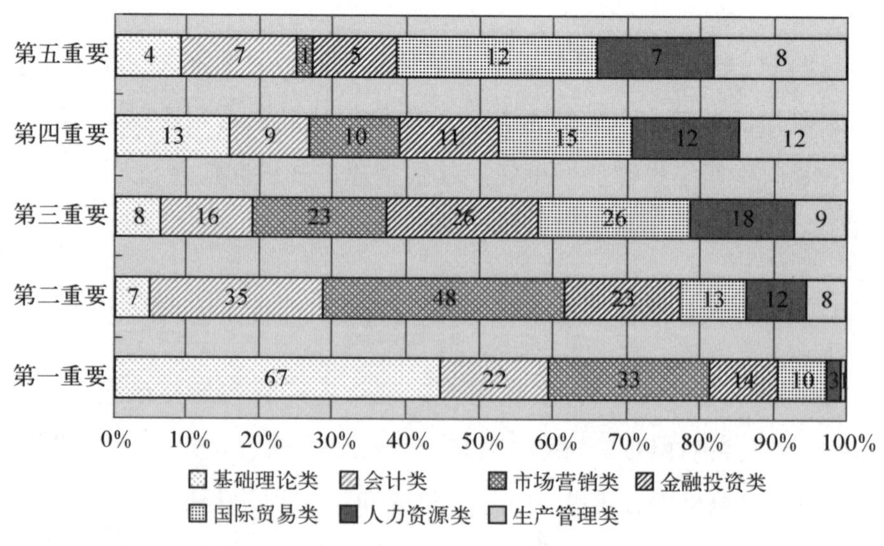

图 3-2 大学生应掌握的专业知识排序

三、培养过程中较突出的问题排序

总体来看，学校在培养学生的过程中出现的问题还是很多的，各种问题出现的频率也相对接近。其中与实际部门缺乏联系和交流排在第一位；对市场前沿问题关注较少排在第二位；学生实践能力欠缺排在第三位；忽视学生职业道德等方面培养排在第四位。调查结果表明，用人单位越来越注重理论结合实际，关注市场的最新动态，所以在人才培养过程中一定要注意与实际相结合。同时，一些类似教学管理弱化、校风不严等方面出现的问题较少（具体见图 3－3）。

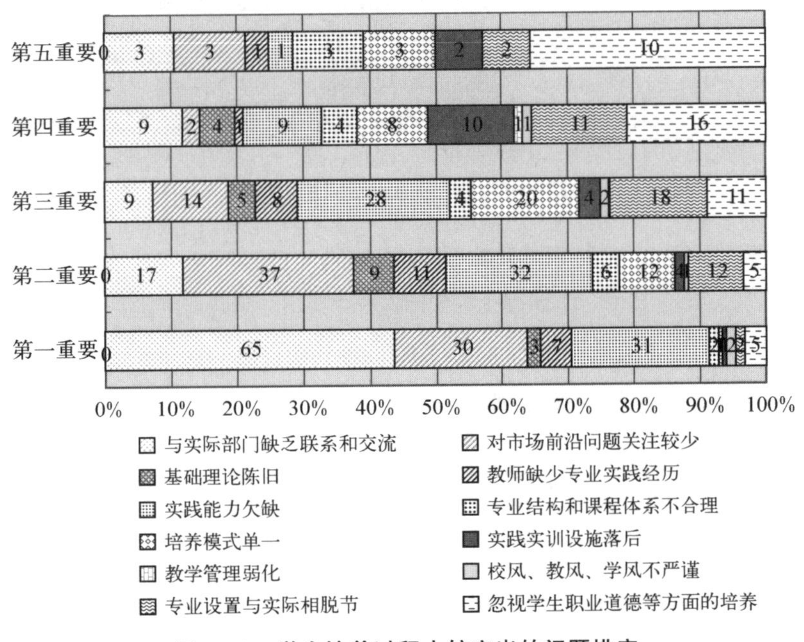

图 3－3　学生培养过程中较突出的问题排序

四、大学生在实际岗位中突出的问题排序

调查结果表明，刚毕业的大学生在面对实际工作时还是会出现很

多问题的。技术知识不扎实和缺乏具有行业特点的专业背景知识并列第一位，实践能力薄弱排第二位，所学专业知识与实际的工作需要相脱节排第三位（具体见图 3－4）。

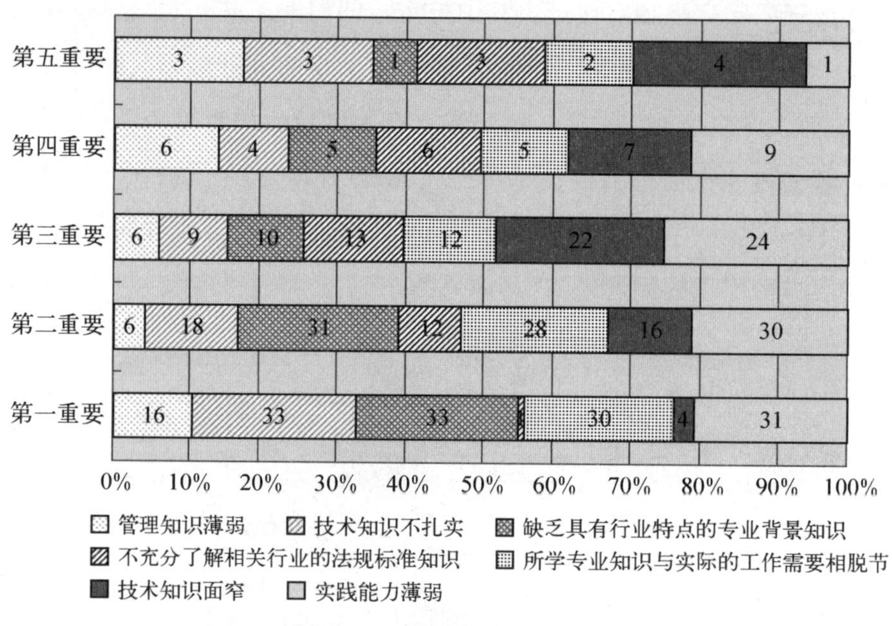

图 3－4　大学生在实际岗位中突出的问题排序

五、大学生应加强的能力排序

调查结果显示，很大一部分用人单位认为加强独立工作能力是很重要的，排在第一位；应变能力排在第二位，综合分析能力排在第三位；口头表达能力排在第四位（具体见图 3－5）。

六、大学生职场发展较快的原因排序

调查结果表明，大学生职场发展较快的原因有很多，而且每个原因的所占比例也比较均匀。学习愿望强烈排在第一位；能吃苦耐劳排在

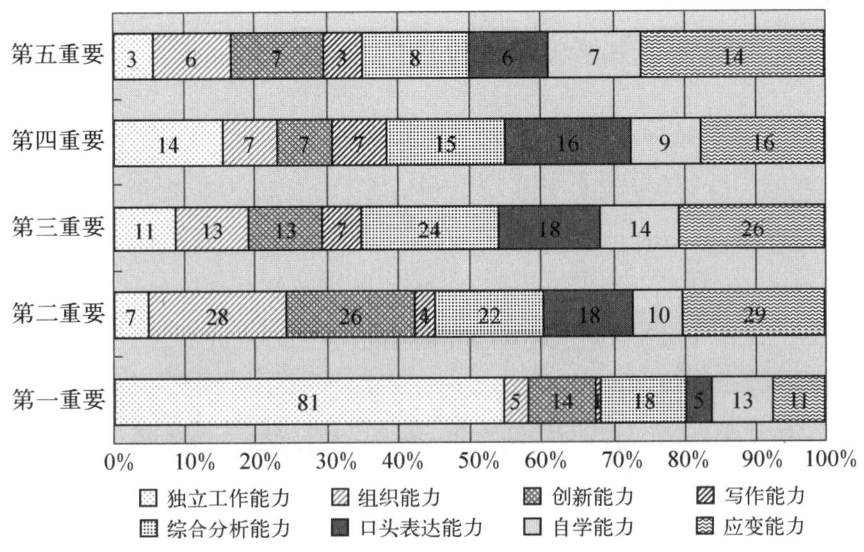

图 3－5　大学生应加强的能力排序

第二位；服从组织安排排在第三位；而原本认为会比较重要的专业知识对于大学生发展没有太大影响，仅排在第五位（具体见图 3－6）。

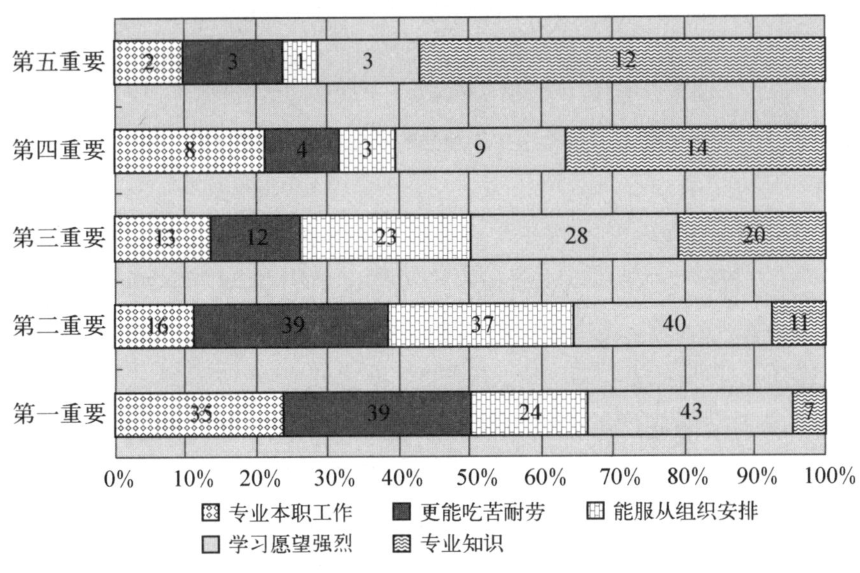

图 3－6　大学生职场发展较快的原因排序

七、大学生应加强的职业发展能力排序

调查结果显示，对于未来大学生发展的因素有很多，独立的工作能力排在第一位；学习能力排在第二位；综合分析能力排在第三位；沟通能力排在第四位（具体见图 3－7）。

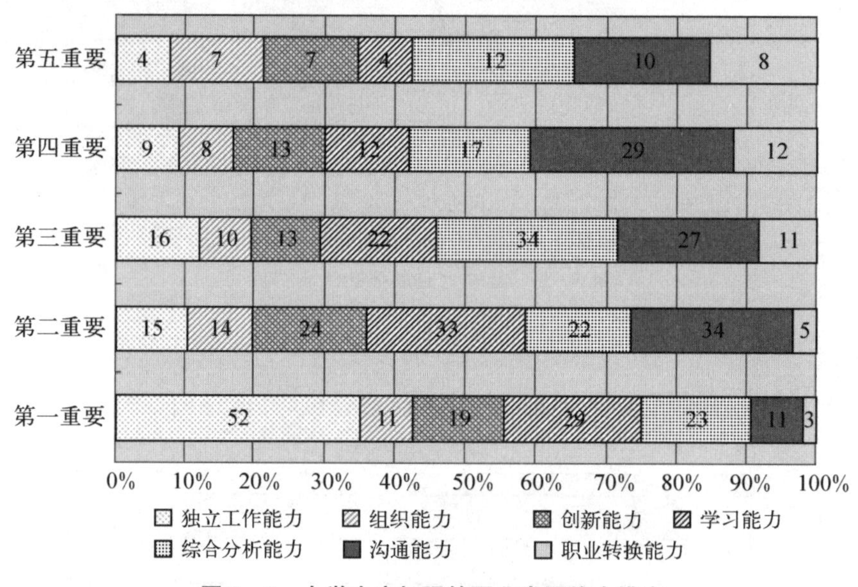

图 3－7　大学生应加强的职业发展能力排序

第二节　人才社会需求的交叉分析

考虑到不同规模的企业、不同的工作岗位对大学生的知识、能力和品质要求存在一定的差异。因此，在分析了用人单位的总体需求后，还要对不同规模的企业、不同层级的领导、不同工作岗位对人才需求的差异性进行交叉分析。

一、不同规模企业人才需求的交叉分析

(一) 招聘毕业生时最重视因素的交叉分析

由图 3－8 可以看出，对于不同规模的企业，招聘毕业生时最重视的皆为学生个人素质，这一点没有差异，但大中型毕业院校排名还存在一定要求，而小型企业并不关注毕业院校排名，而对毕业生的专业对口提出了较高要求。

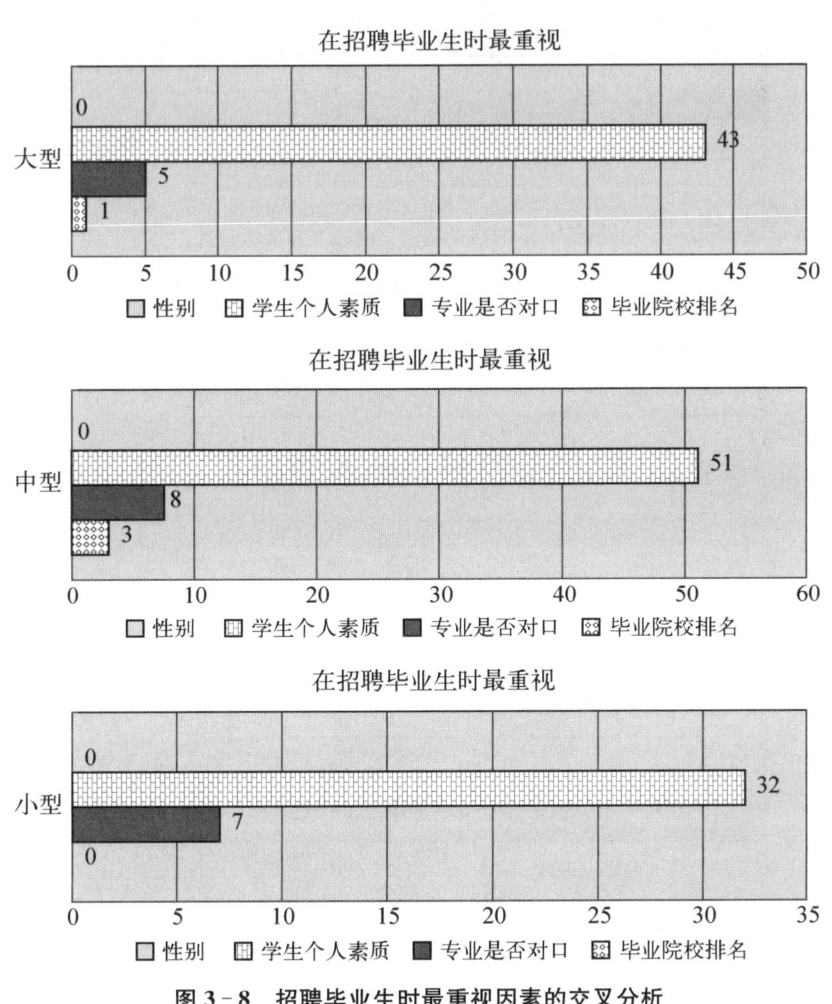

图 3－8　招聘毕业生时最重视因素的交叉分析

（二）大学生需要掌握知识结构的交叉分析

由图 3－9 可以看出，不同规模的企业对专业知识的要求存在差异：大型企业对专业技术类知识和通识知识要求较高；相反，中小企业对专业知识要求高。对于其他类型的知识，不同规模的企业要求基本类似。

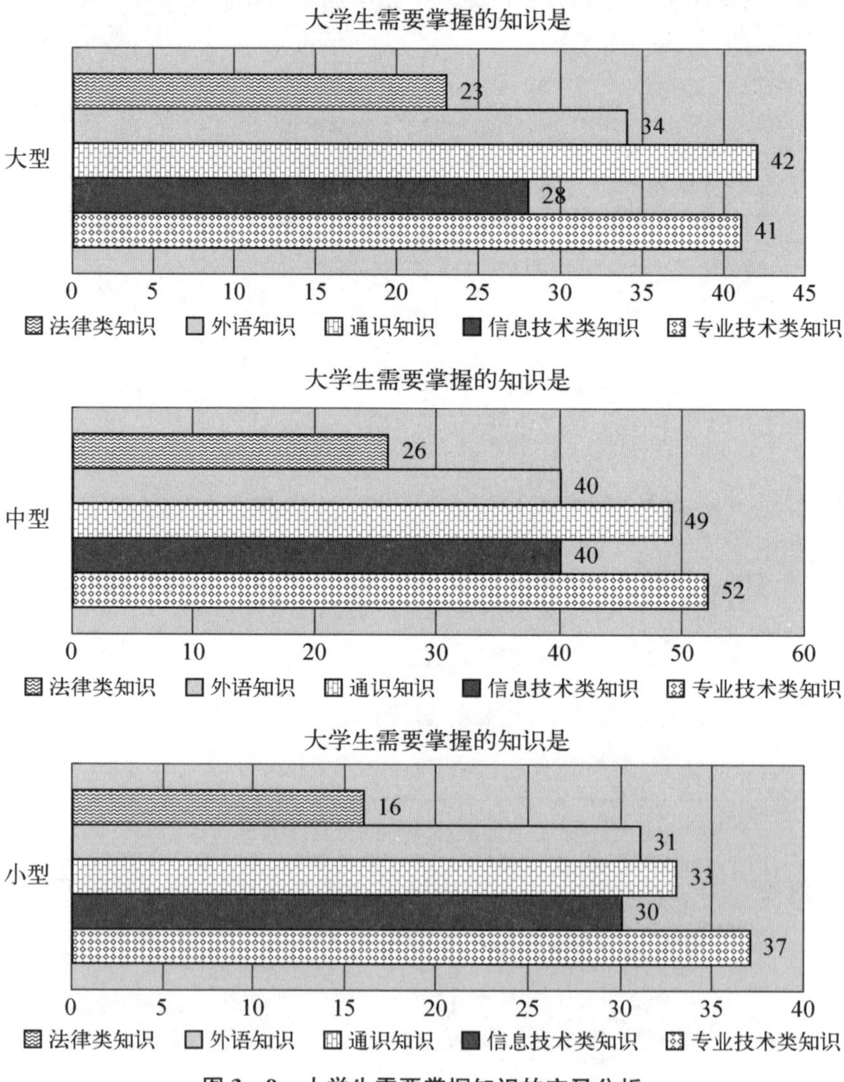

图 3－9　大学生需要掌握知识的交叉分析

(三) 大学生应掌握的专业知识的交叉分析

由图 3－10 可以看出，三种规模企业都将基础理论知识、市场营销知识和会计类知识排在前三位，但也存在一定的差异性：大型企业更重视基础理论知识，而中小企业更重视实用性。小型企业对知识要求更均衡，要求复合型人才的特点更明显。

经管类人学生应掌握的专业知识是

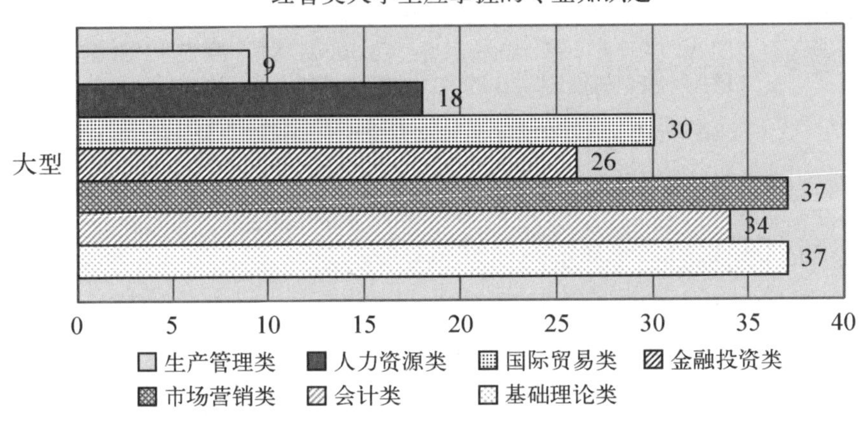

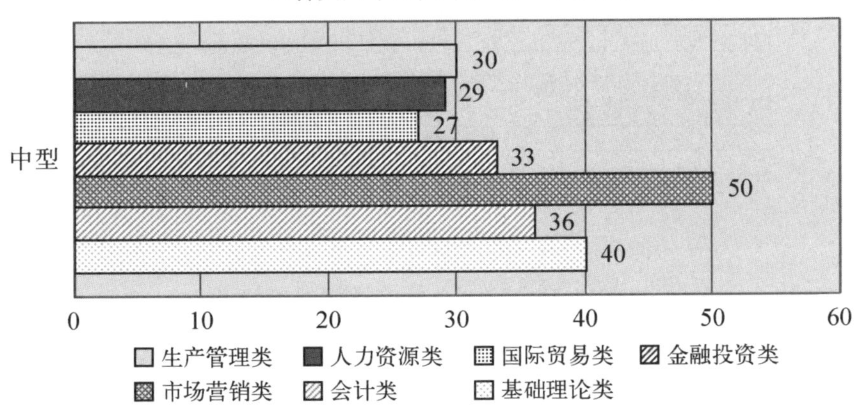

图 3-10　经管类大学生应掌握的专业知识的交叉分析

（四）培养过程中较突出问题的交叉分析

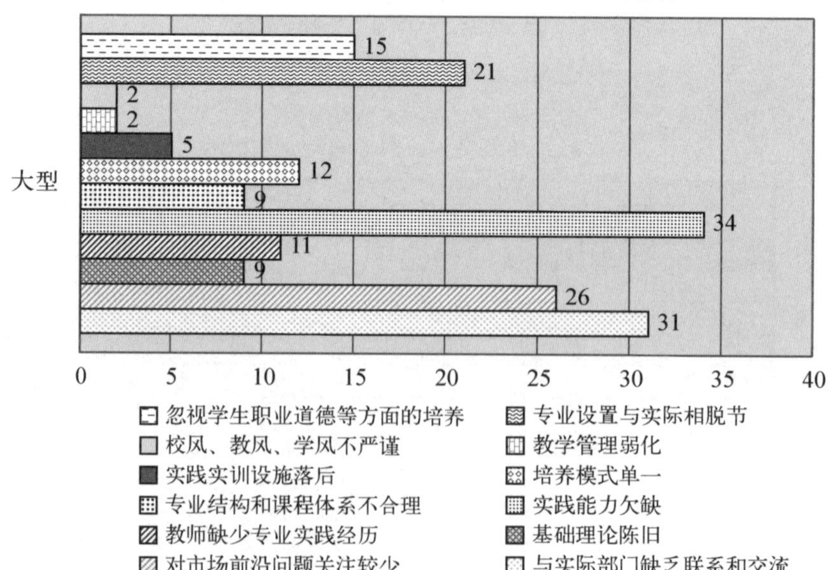

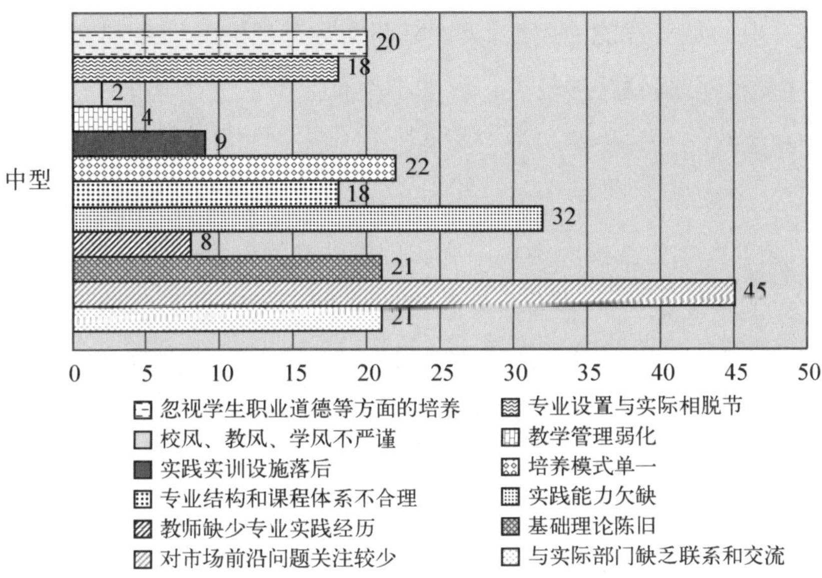

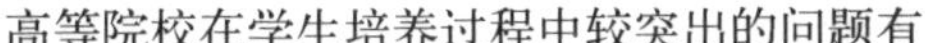

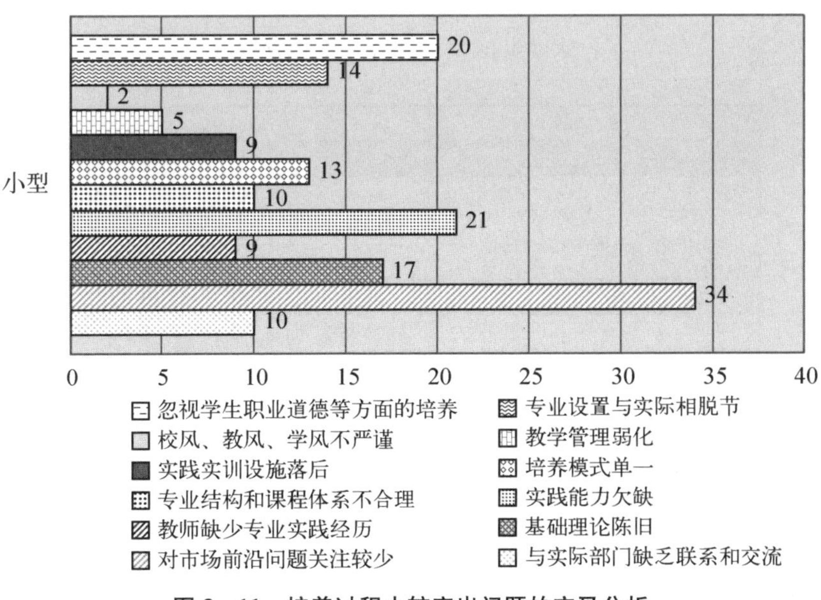

图 3－11　培养过程中较突出问题的交叉分析

由图 3－11 可以看出，关于培养过程中较突出的问题，大型企业认为最突出的是实践能力欠缺；其次是与实际部门缺乏联系和交流；再次是对市场前沿问题关注较少。而中小型企业则认为市场前沿问题关注较少和实践能力欠缺等两项较为突出。

（五）大学生在实际岗位中突出问题的交叉分析

大型企业认为大学生在实际岗位中突出的问题是实践能力薄弱和所学专业知识与实际工作需要相脱节这两项；其次是缺乏具有行业特点的专业背景知识；而中小型企业认为大学生在实际岗位中突出的问题是实践能力薄弱和缺乏具有行业特点的专业背景知识，其次是技术知识不扎实，所学的专业知识与实际的工作需要相脱节等两个问题（具体见图 3－12）。

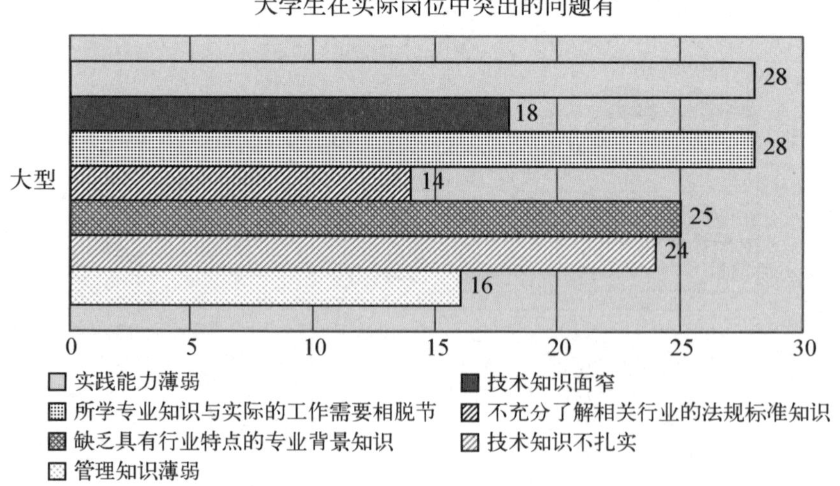

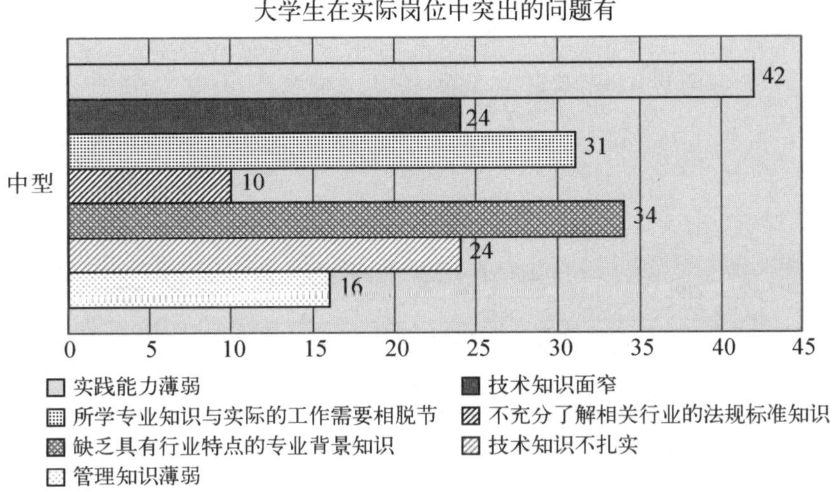

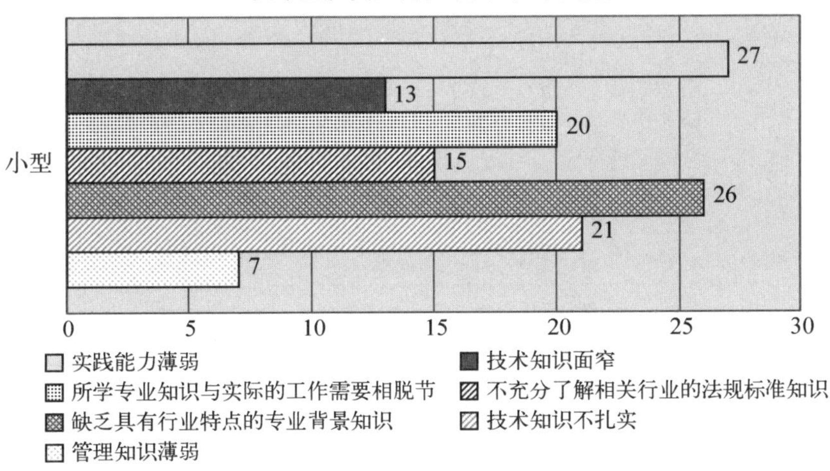

图 3－12　大学生在实际岗位中突出问题的交叉分析

（六）大学生应加强的能力的交叉分析

从图 3－13 可以看出，大型企业认为独立工作能力和应变能力最重要。其中有 35 人选择独立工作能力，占 71.43%，接着是 33 人选择了应变能力;其余选项人数都差不多。中型企业有 51 人选择应变能力,占 82.26%;有 49 人选择独立工作能力,占 79.03%;而小型企业认为最重要的是独立工作的能力,其次为综合分析能力、应变能力。

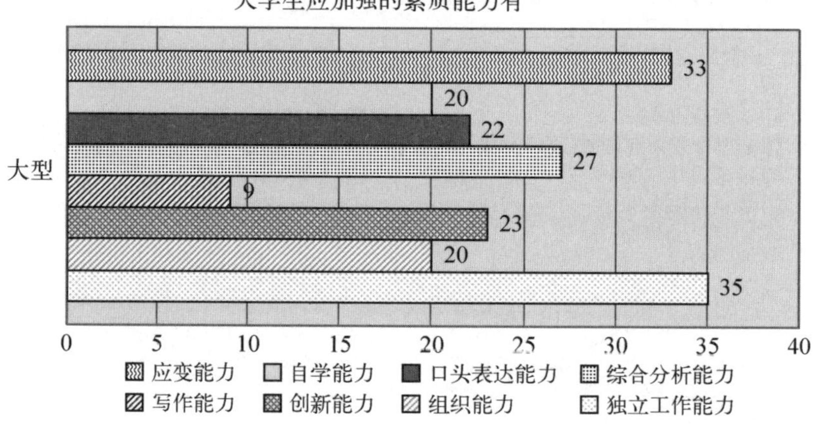

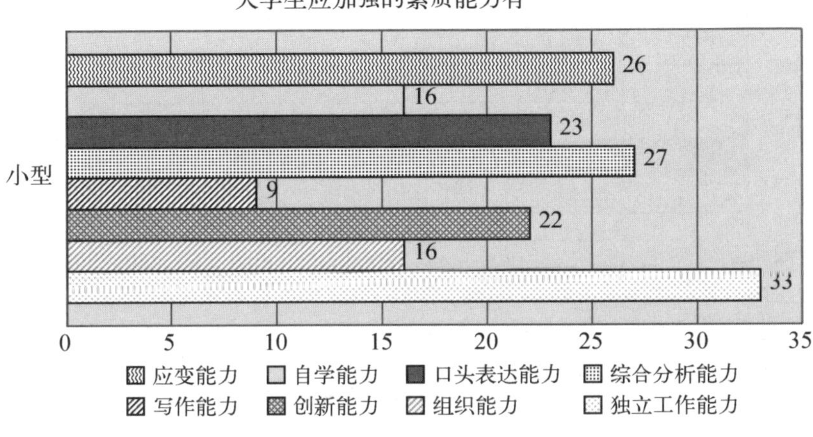

图 3－13　大学生应加强的能力的交叉分析

(七) 大学生职业发展较快原因的交叉分析

就大学生发展较快的原因而言,大中型企业都认为是学习愿望强烈,其次是更能吃苦耐劳;而小型企业认为是学习愿望强烈,其次是能服从组织,然后才是吃苦耐劳精神(具体见图 3－14)。

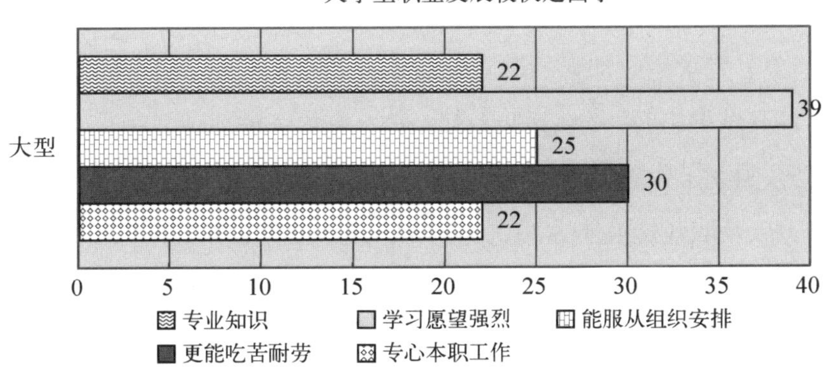

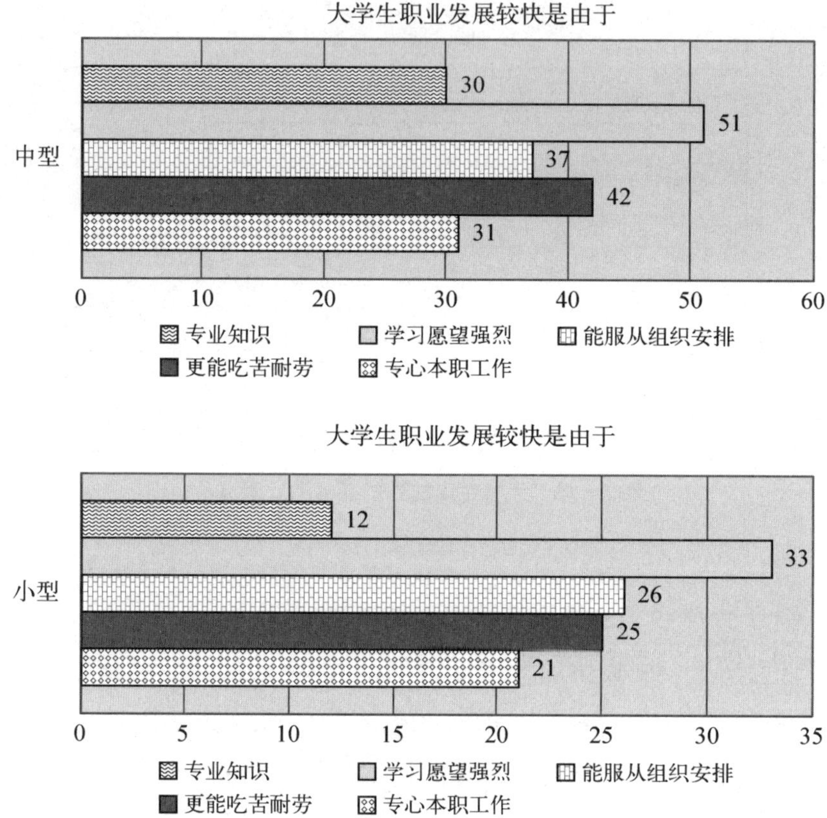

图 3-14　大学生发展较快原因的交叉分析

（八）大学生应加强的职业发展能力的交叉分析

调查结果表明，大型企业认为大学生应加强的职业发展能力包括沟通能力、独立工作能力和综合分析能力，接下来是学习能力、创新能力、组织能力以及职业转换能力；中型企业认为最应加强的能力包括沟通能力，其次是综合分析能力和独立工作能力、学习能力；小型企业认为最重要的3个因素为沟通能力、综合分析能力和学习能力，接下来才是独立工作能力和创新能力，最后是职业转换能力和组织能力（具体见图3-15）。

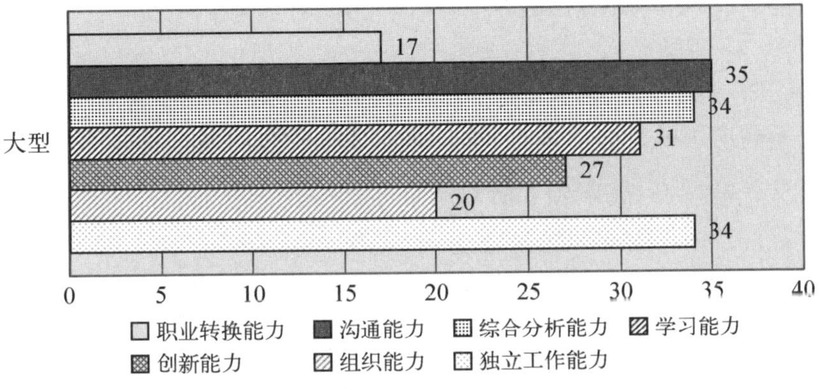

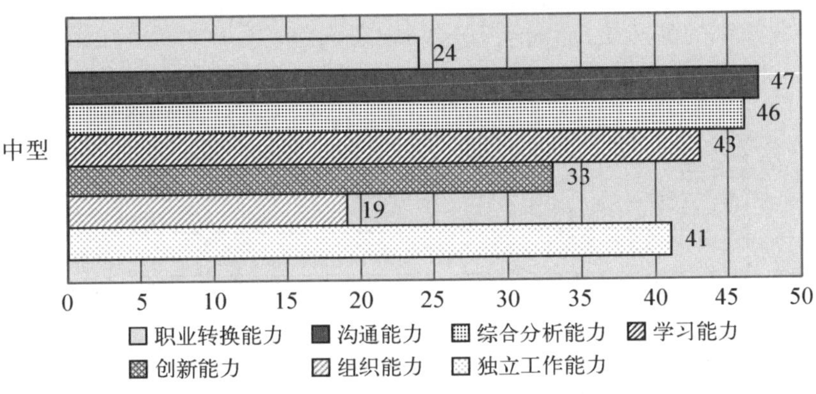

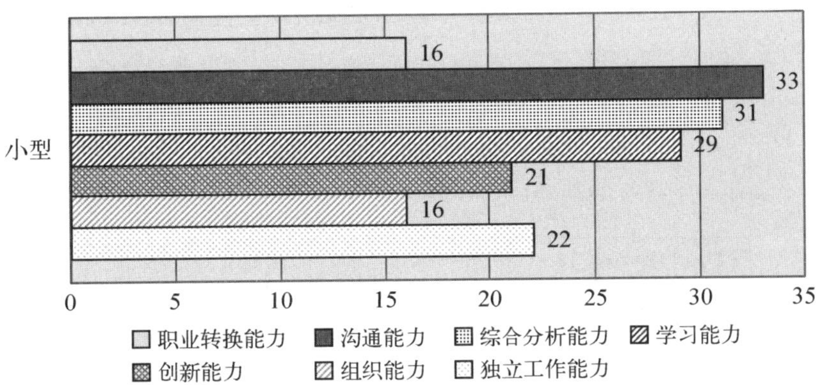

图 3-15　大学生应加强的职业发展能力的交叉分析

二、不同层级的领导对人才要求的交叉分析

(一) 招聘毕业生时最重视因素的交叉分析

不同层级的领导者在招聘毕业生时最重视的是学生个人素质，这一点没有差异，但高层领导者对毕业生的院校排名比较重视，而中低层领导者更重视毕业生是否专业对口(具体见图 3 - 16)。

(二) 大学生需要掌握知识结构的交叉分析

企业高层领导者认为专业技术类知识、外语知识和通识知识排在需要掌握知识的前三位；而对于基层领导者而言，专业技术类知识、信息技

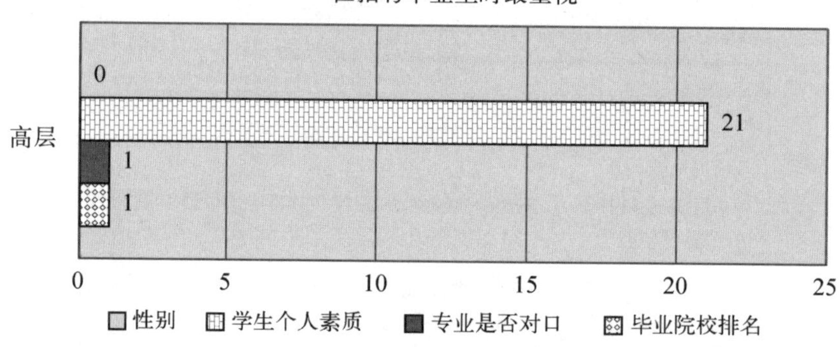

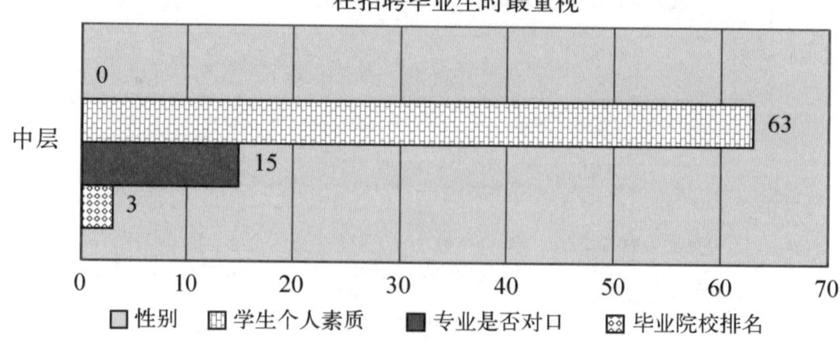

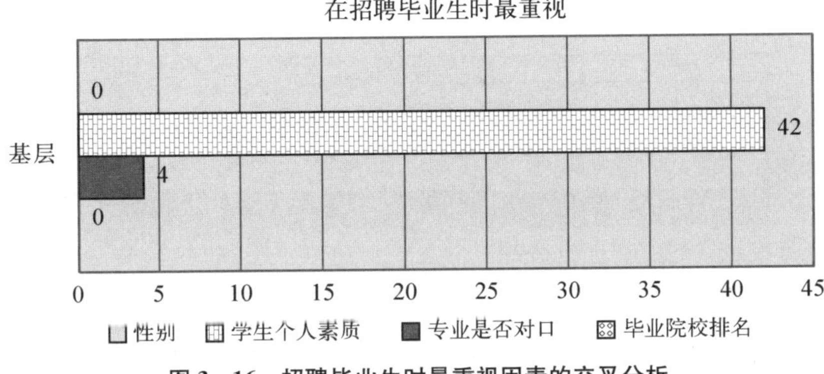

图 3－16 招聘毕业生时最重视因素的交叉分析

术类知识和通识知识排在前三位。基层领导者对大学生需要掌握的知识比例比较均衡，反映出基层需要通用人才的事实(具体见图 3－17)。

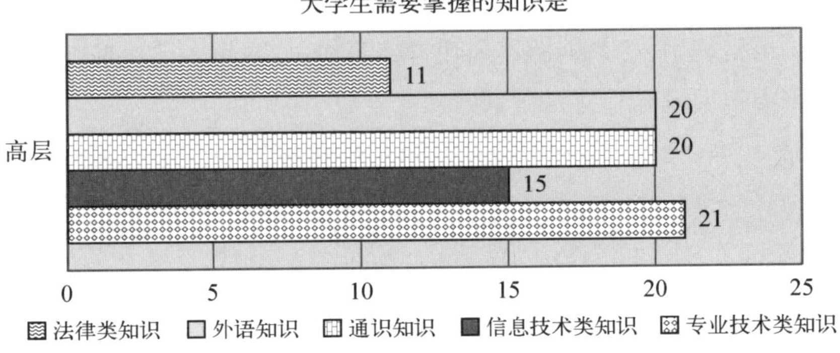

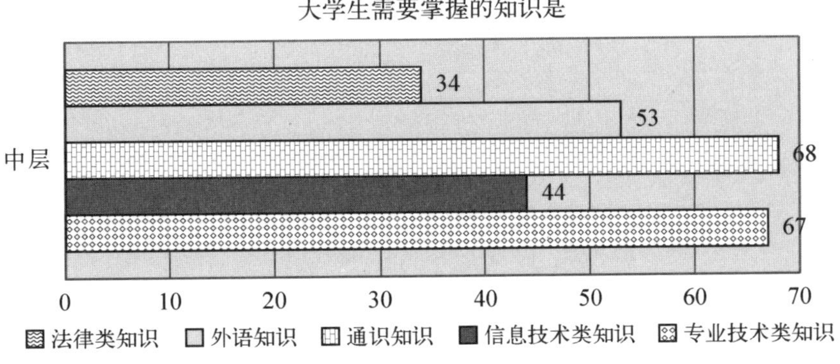

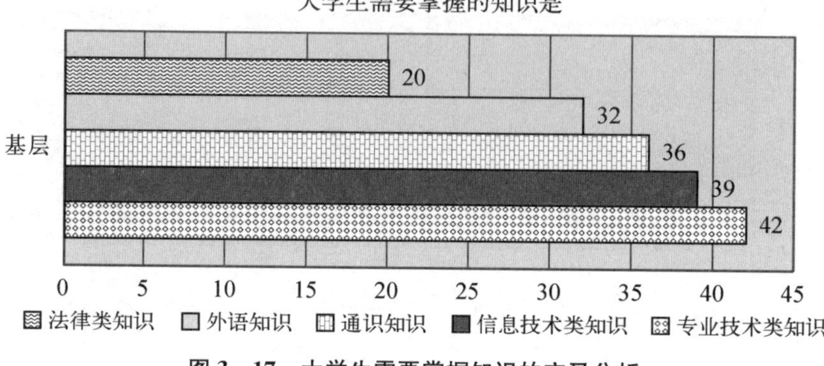

图 3-17　大学生需要掌握知识的交叉分析

(三) 大学生应掌握的专业知识的交叉分析

对于不同类型的领导者,他们认为应该掌握的专业知识排在前三位的是市场营销类、基础理论类和会计类知识,而高层领导者还关注金融投资类知识(具体见图 3-18)。

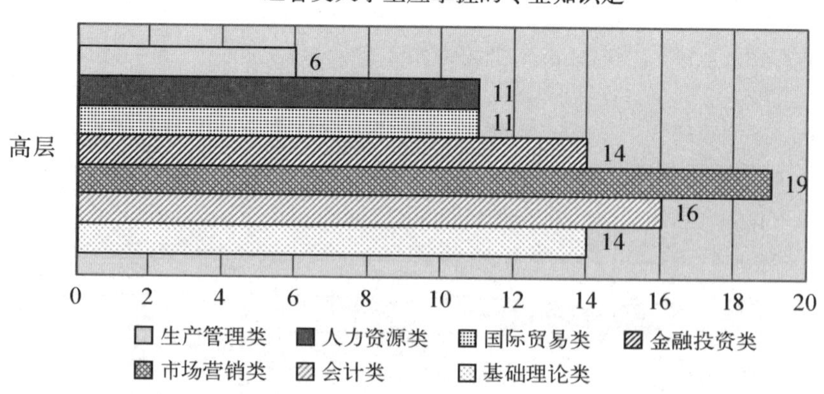

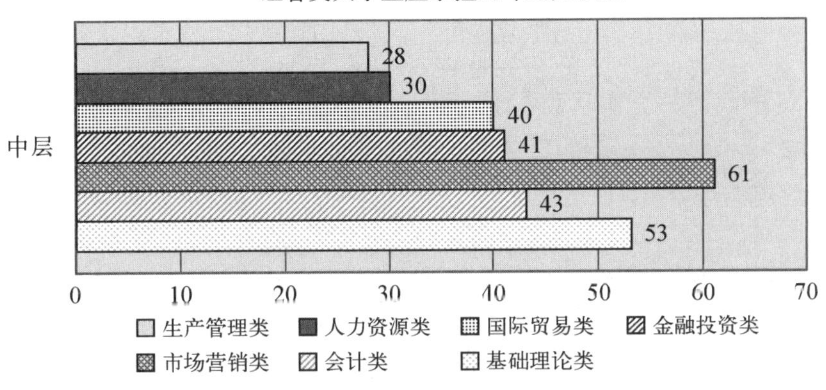

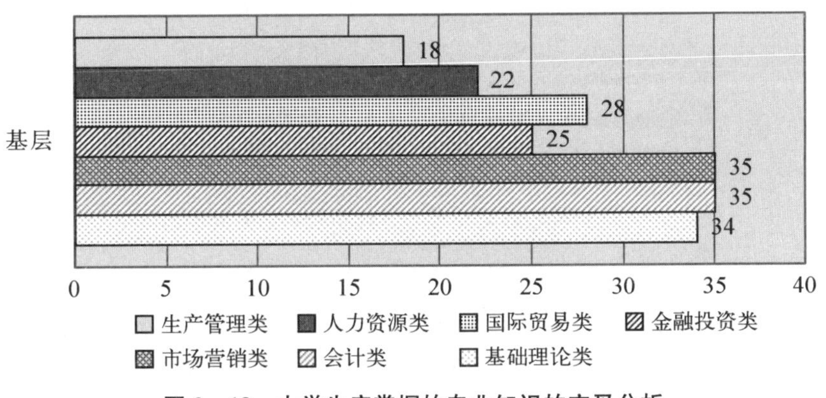

图 3-18 大学生应掌握的专业知识的交叉分析

(四) 培养过程中较突出的问题的交叉分析

关于培养过程中较突出的问题，高层管理者认为是实践能力欠缺、与实际部门缺乏联系和交流，以及对市场前沿问题关注较少。中层管理者认为是与实际部门缺乏联系和交流，而实践能力欠缺紧跟而后，再后是对市场前沿问题关注较少。基层管理者认为是与实际部门缺乏联系和交流，其次是实践能力欠缺，接下来是对市场前沿问题关注较少(具体见图 3-19)。

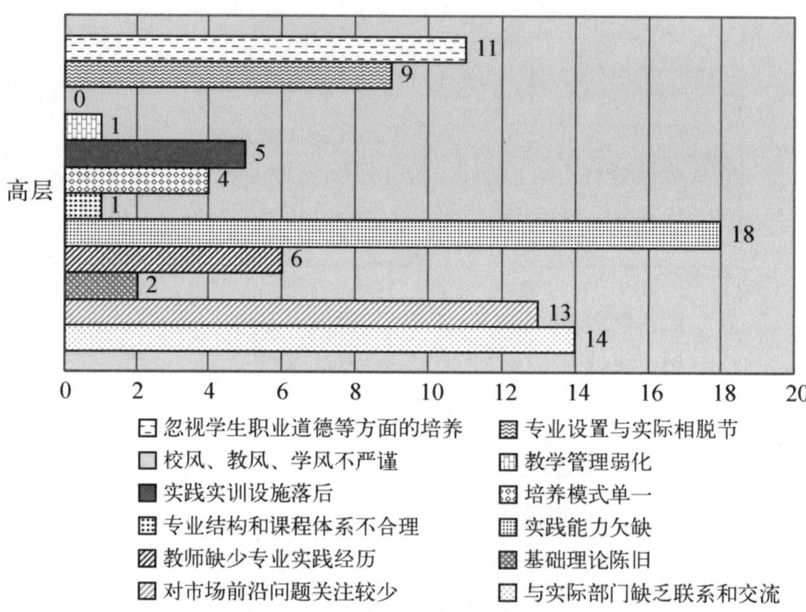
高等院校在学生培养过程中较突出的问题有
高层
11
9
0
1
5
4
1
18
6
2
13
14
0 2 4 6 8 10 12 14 16 18 20
忽视学生职业道德等方面的培养
专业设置与实际相脱节
校风、教风、学风不严谨
教学管理弱化
实践实训设施落后
培养模式单一
专业结构和课程体系不合理
实践能力欠缺
教师缺少专业实践经历
基础理论陈旧
对市场前沿问题关注较少
与实际部门缺乏联系和交流

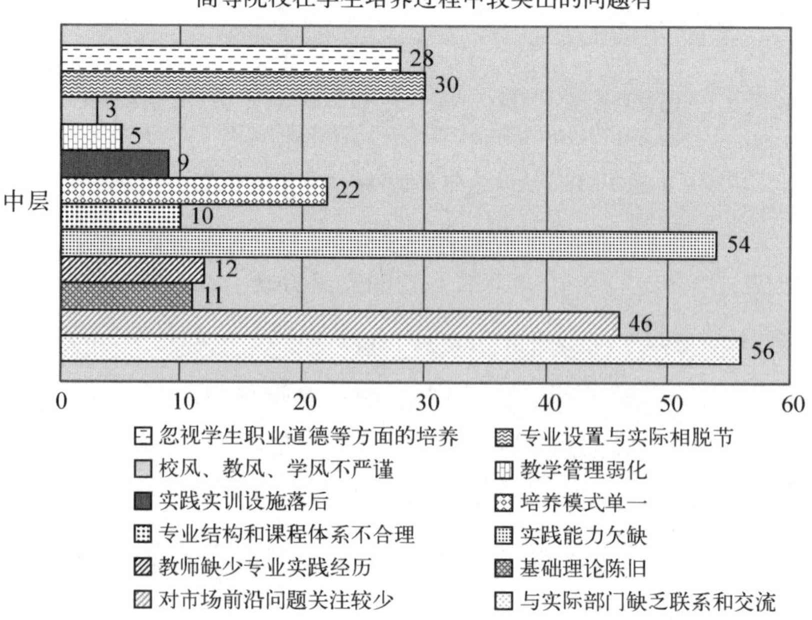
高等院校在学生培养过程中较突出的问题有
中层
28
30
3
5
9
22
10
54
12
11
46
56
0 10 20 30 40 50 60
忽视学生职业道德等方面的培养
专业设置与实际相脱节
校风、教风、学风不严谨
教学管理弱化
实践实训设施落后
培养模式单一
专业结构和课程体系不合理
实践能力欠缺
教师缺少专业实践经历
基础理论陈旧
对市场前沿问题关注较少
与实际部门缺乏联系和交流

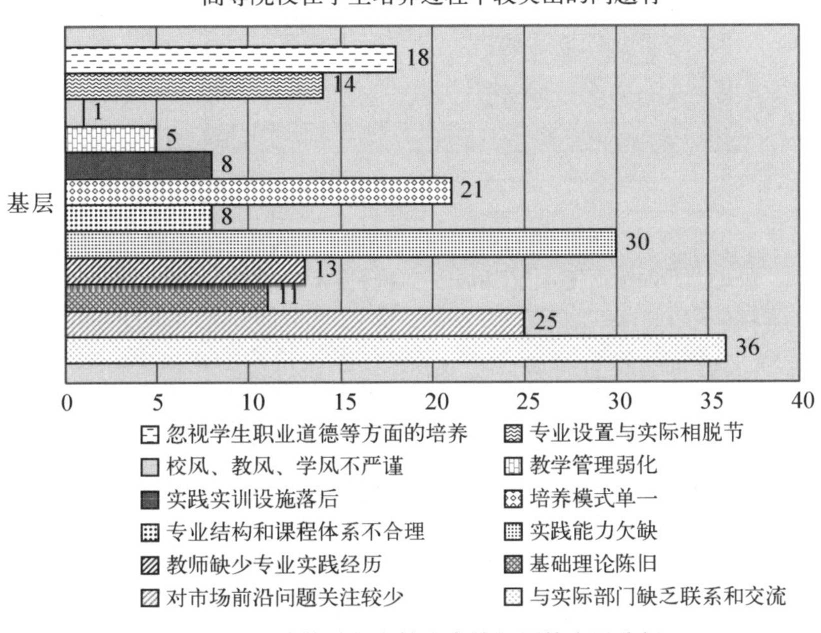

图 3-19　培养过程中较突出的问题的交叉分析

(五) 大学生在实际岗位中突出的问题的交叉分析

高层管理者认为大学生在实际岗位中突出的问题是实践能力薄弱，其次是缺乏具有行业特点的专业背景知识，然后是所学专业知识与实际的工作需要相脱节；而中层管理者认为最突出的问题是实践能力薄弱，其次是缺乏具有行业特点的专业背景知识；基层管理者认为最突出的问题是实践能力薄弱，然后依次是所学专业知识与工作相脱节及缺乏具有行业特点的专业背景知识（具体见图 3-20）。

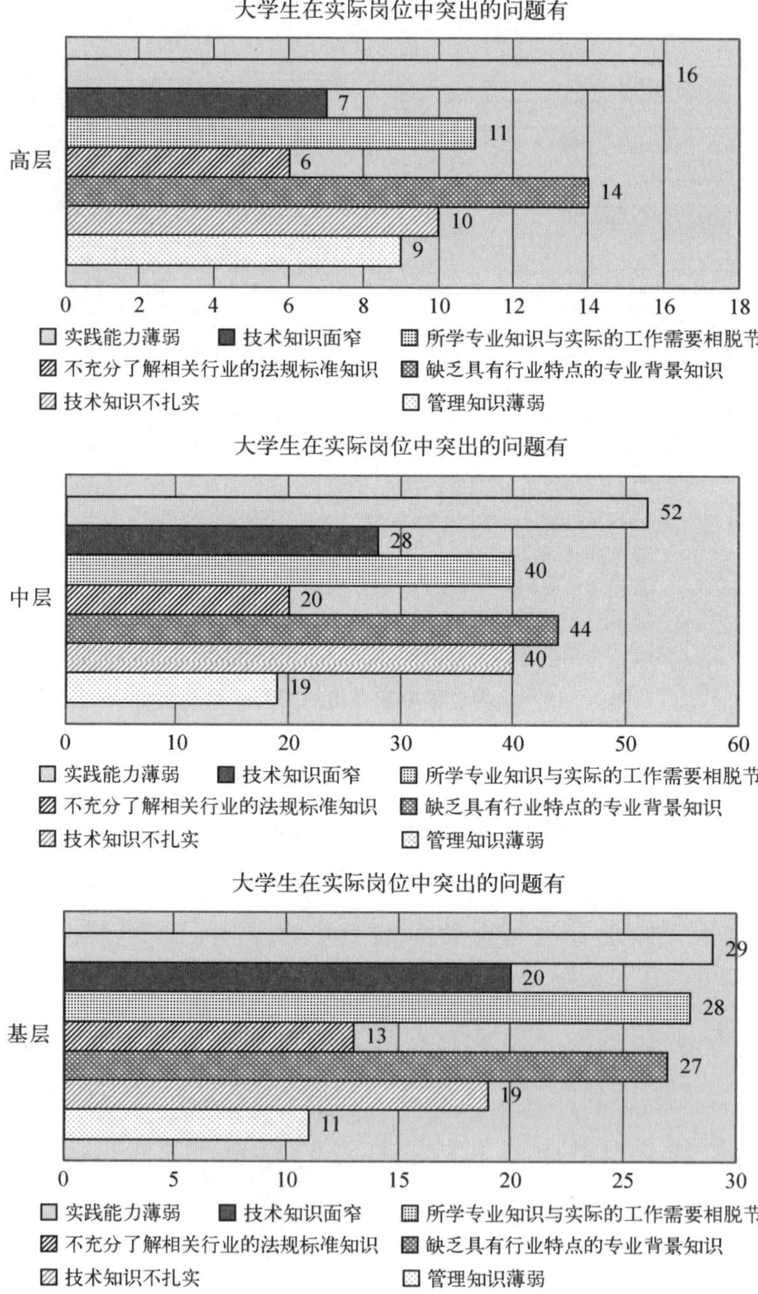

图 3-20 大学生在实际岗位中突出的问题的交叉分析

(六) 大学生应加强的能力的交叉分析

高层管理者认为大学生应加强的能力有综合分析能力和独立工作能力,其次是应变能力和自学能力;中层管理者认为最应加强的是应变能力,同样,独立工作能力的加强也很重要;基层管理者认为最应加强的是独立工作能力、应变能力和综合分析能力(具体见图3-21)。

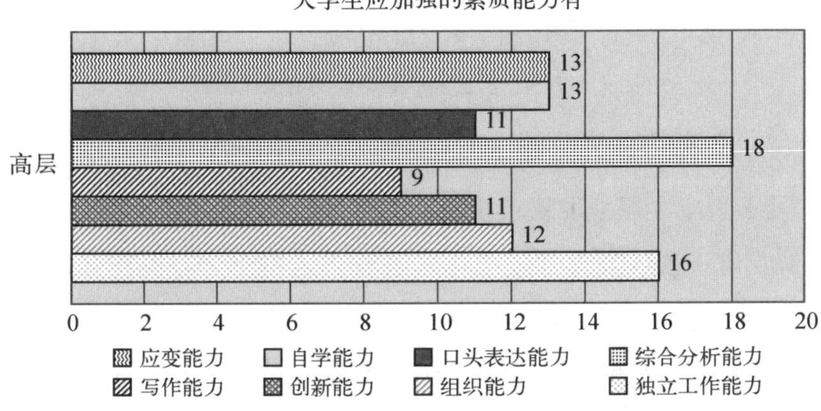

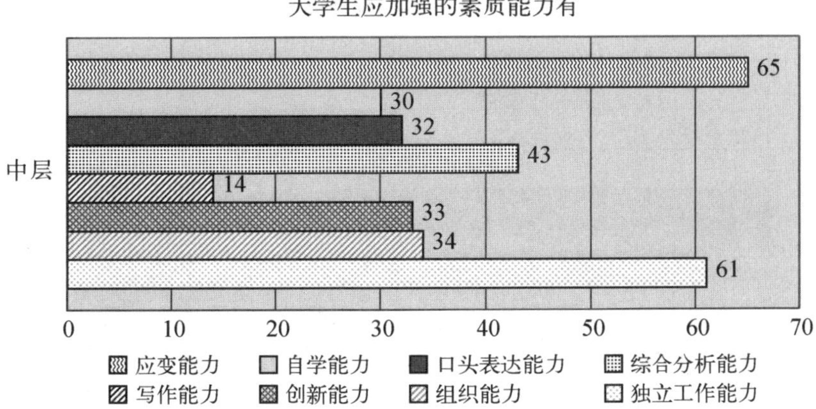

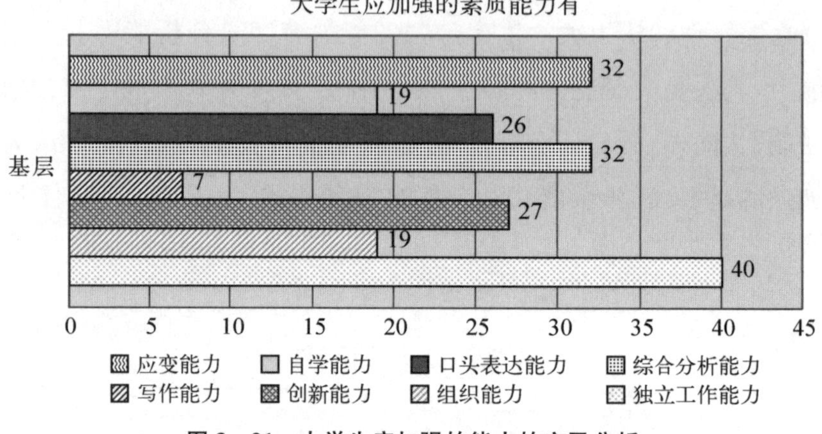

图 3-21　大学生应加强的能力的交叉分析

(七) 大学生职业发展较快原因的交叉分析

高层管理者认为大学生职业发展较快是由于学习愿望强烈、更能吃苦耐劳和专心本职工作;中、基层管理者认为由于学习愿望强烈,更能吃苦耐劳,以及能服从组织安排(具体见图 3-22)。

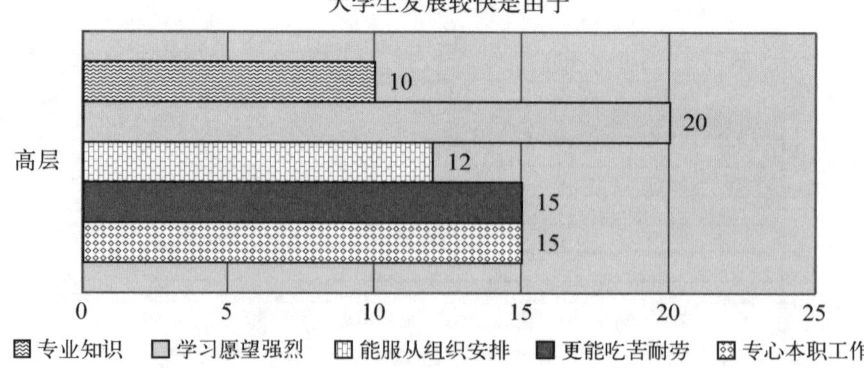

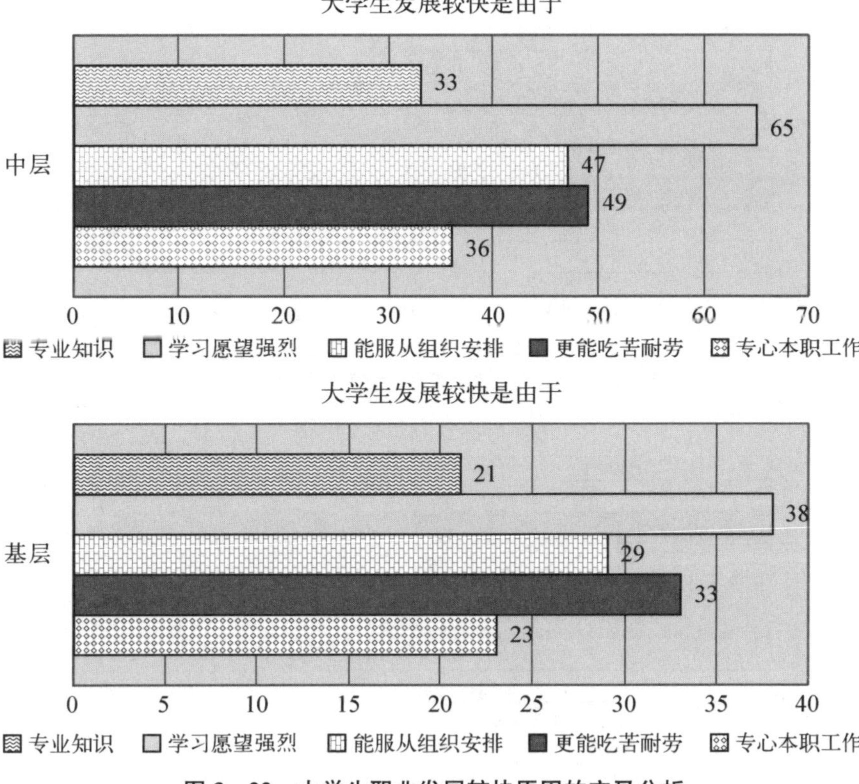

图 3－22　大学生职业发展较快原因的交叉分析

(八) 大学生应加强的职业发展能力的交叉分析

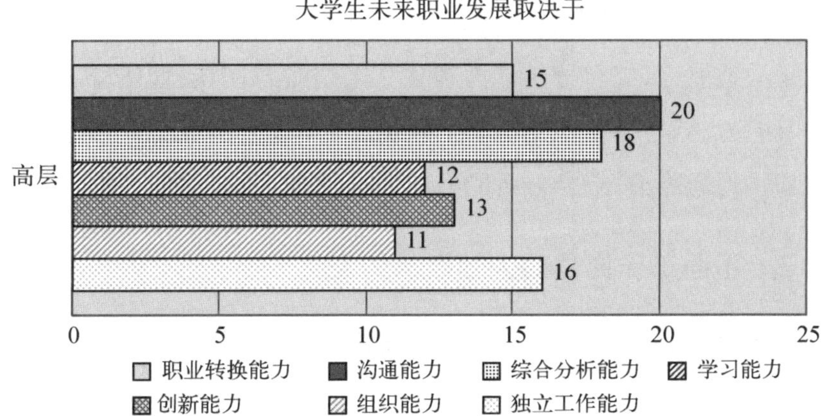

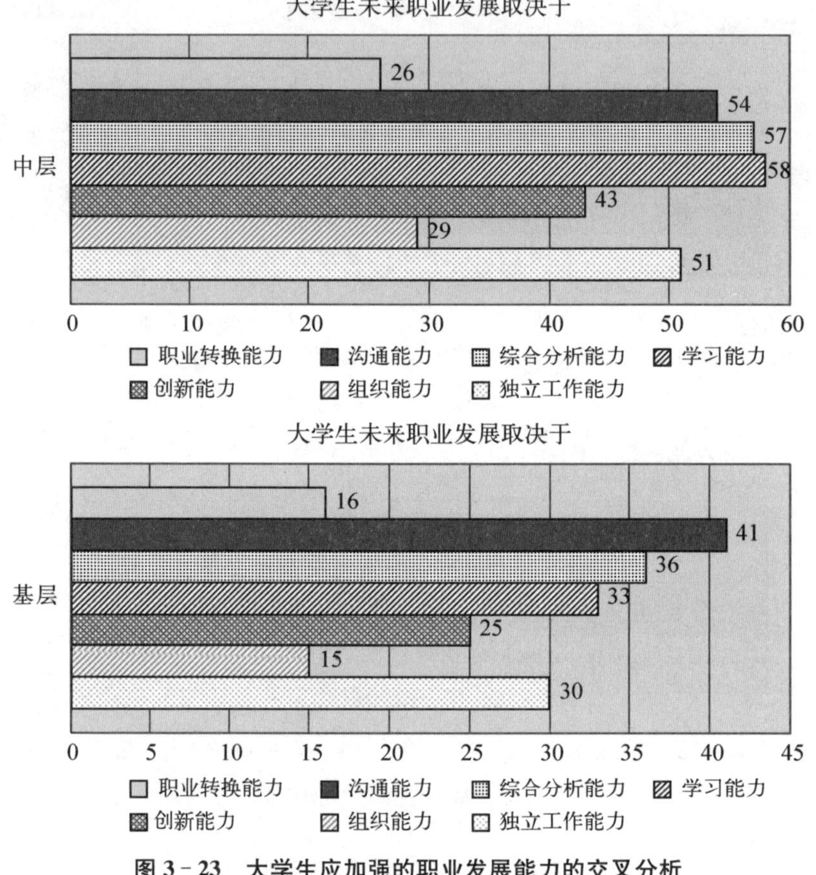

图 3－23　大学生应加强的职业发展能力的交叉分析

从图 3－23 可以看出，高层管理者认为大学生应加强的职业发展能力是沟通能力、综合分析能力和独立工作能力；中层管理者认为应加强学习能力、综合分析能力、沟通能力和独立工作能力；基层管理者认为应加强沟通能力、综合分析能力和学习能力。

三、不同工作岗位对人才需求的交叉分析

（一）大学生需要掌握的知识结构的交叉分析

为了分析不同岗位对人才需求的差异性，我们选择了管理、财

务、销售、人事等四类最典型的岗位进行比较(具体见表3－1和图3－24)。其中,管理岗位最注重计算机和外语基本技能和通识类知识;销售岗位同样最注重计算机和外语基本技能;而财务岗位最注重计算机和外语基本技能和学科专业类知识;同样,人事岗位也最关注学科专业类知识,且评分比其他3个岗位都高。这说明专业性较强的岗位关注专业知识,而专业性不强的岗位则关注基本技能和通识类知识。

表3－1　不同岗位知识结构需求的差异性

工作岗位	重要性评分				参评人数
	学科专业类知识	计算机和外语基本技能	通识类知识	专业相关法律知识	
管理岗位	3.97	4.29	4.03	3.65	31
财务岗位	4.02	4.38	3.83	3.92	48
销售岗位	3.79	4.25	3.93	3.58	76
人事岗位	4.24	3.93	3.79	3.72	29

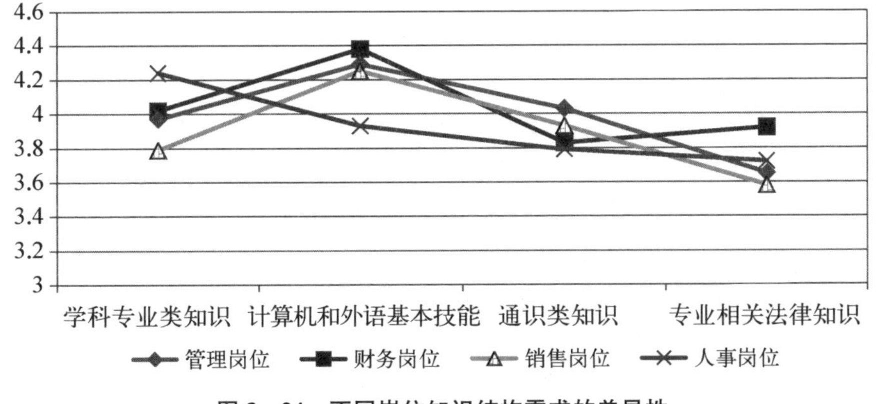

图3－24　不同岗位知识结构需求的差异性

(二) 大学生需要掌握的专业知识的交叉分析

对于大学生需要掌握的专业知识，管理岗位要求比较全面，特别是对人力资源类知识和市场营销类知识要求较高；财务岗位对基础理论知识和会计类知识要求较高；销售岗位对专业知识要求较低，比较看重的是基础理论知识和市场营销类知识；人事岗位重视人力资源类知识和会计类知识(具体见表 3-2 和图 3-25)。根据上述分析，可以看出，低层次岗位对专业知识要求不要，高层次岗位较重视专业知识。

表 3-2　不同岗位专业知识需求的差异性

工作岗位	评分均值							参评人数
	基础理论知识	会计类知识	市场营销类知识	金融投资类知识	国际贸易类知识	人力资源类知识	生产管理类知识	
管理岗位	3.97	4.16	4.26	4.06	4	4.42	3.94	31
财务岗位	4.1	4.13	3.58	3.94	3.94	3.73	3.33	48
销售岗位	3.92	3.53	3.87	3.32	3.68	3.39	3.41	76
人事岗位	3.72	3.83	3.76	3.31	3.66	4	3.48	29

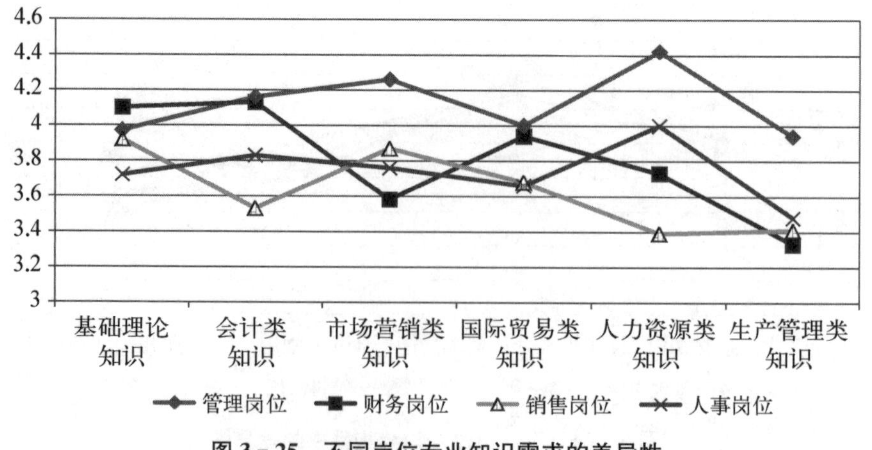

图 3-25　不同岗位专业知识需求的差异性

（三）大学生能力结构需求的交叉分析

不同岗位对于能力结构的需求体现出较大的共同性，都认为最重要的 3 项能力是学习能力、沟通能力和表达能力（具体见表 3－3 和图 3－26）。其中财务岗位对沟通能力最为重视，而管理岗位、销售岗位和人事岗位最重视的是表达能力，而对创新能力重视程度则不够，尤其是管理岗位和财务岗位。

表 3－3　不同岗位能力需求的差异性

工作岗位		学习能力	沟通能力	表达能力	分析能力	组织能力	应变能力	创新能力
管理岗位	均值	4.48	4.55	4.65	4.42	4.26	4.23	3.84
	标准差	0.769	0.675	0.486	0.672	0.682	0.425	0.934
财务岗位	均值	4.54	4.85	4.54	4.48	4.10	4.50	4.21
	标准差	0.544	0.412	0.582	0.684	0.692	0.546	0.824
销售岗位	均值	4.55	4.57	4.55	4.21	4.13	4.34	4.36
	标准差	0.551	0.550	0.551	0.660	0.699	0.530	0.761
人事岗位	均值	4.52	4.59	4.62	4.10	4.31	4.21	4.31
	标准差	0.574	0.733	0.561	0.724	0.541	0.819	0.712

（四）大学生个性品质需求的交叉分析

不同工作岗位对大学生个性品质的需求有着共同特点，各工作岗位都认为情商水平很重要。管理岗位对组织纪律和诚实守信要求较高；财务岗位则对团队意识和组织纪律要求较高；销售岗位对各方面能力要求不高，最重视的是情商水平和团队意识；人事岗位除要求情商水

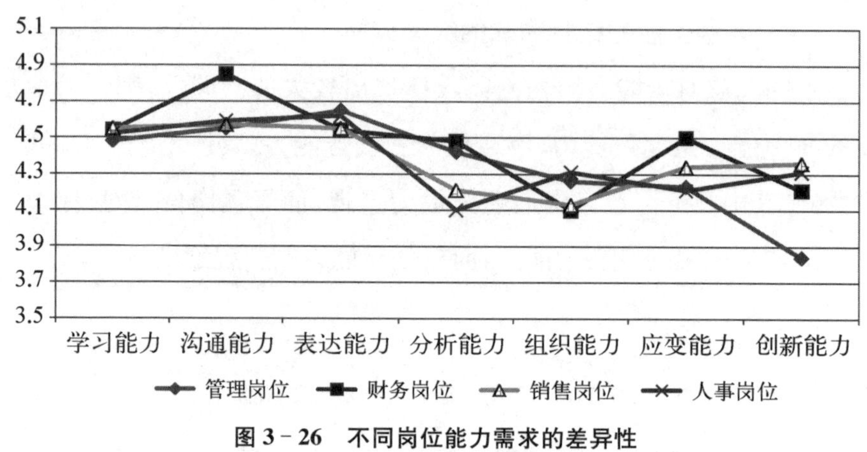

图 3－26　不同岗位能力需求的差异性

平以外，较重视敬业精神和诚实守信（具体见表 3－4 和图 3－27）。

表 3－4　不同岗位对大学生个性品质的需求

工作岗位	情商水平	诚实守信	组织纪律	团队意识	敬业精神	吃苦精神	果断自信
管理岗位	4.58	4.23	4.61	4.26	4.19	3.84	4.00
财务岗位	4.75	4.48	4.60	4.65	4.58	4.50	4.25
销售岗位	4.53	4.38	4.30	4.47	4.26	4.30	4.00
人事岗位	4.62	4.48	4.17	4.24	4.48	4.38	4.31

（五）教学环节评价的交叉分析

不同岗位对教学环节和人才培养环境各项要求有较大差异，管理岗位对大学生实习实践和高校师资水平要求较高；财务岗位对大学生实习实践和高校教风学风较为重视；销售岗位重视大学生实习实践和高校教学方式；而人事岗位则重视课程体系和高校师资力量（具体见表 3－5 和图 3－28）。

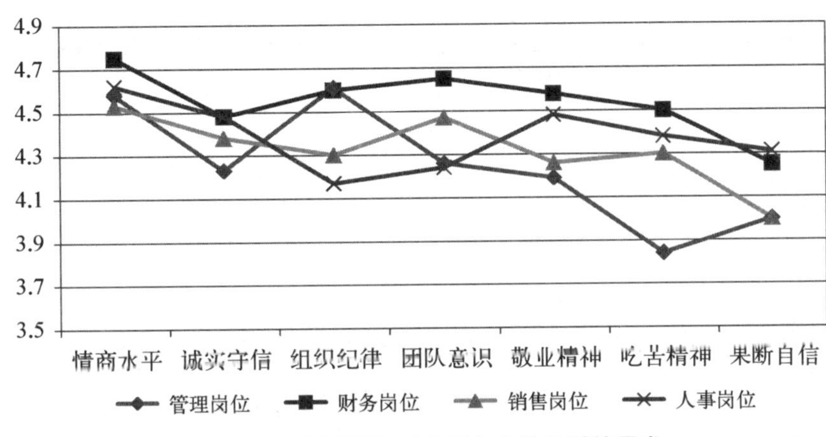

图 3-27　不同岗位对大学生个性品质的需求

表 3-5　不同岗位对教学环节的要求

工作岗位	课程体系	师资力量	教学方式	实训实践	第二课堂	教风学风
管理岗位	4.35	4.52	4.48	4.77	4.42	4.39
财务岗位	4.21	3.96	3.92	4.54	3.81	4.38
销售岗位	4.04	4.09	4.61	4.51	4.05	3.91
人事岗位	4.21	4.21	4.14	4.14	3.93	4.10

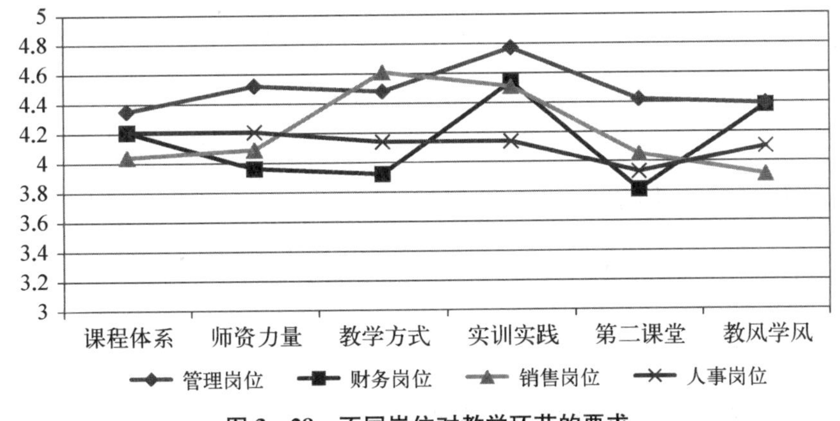

图 3-28　不同岗位对教学环节的要求

第四章　人才社会需求与专业培养模式的层次分析

第一节　层次分析法介绍

20世纪70年代初，美国运筹学家匹兹堡大学教授萨蒂(T. L. Saaty)提出层次分析法(AHP)，这是一种层次权重决策分析方法。它经常被运用在多目标选择中确定唯一目标，并且每个目标都有不同影响因素的复杂问题中。对于一个需要达到的总目标，它总会有与之相关的各种影响因素，这些因素的存在会影响最后的目标层选择。又有能够影响这些因素的其他因素存在，所有这些因素之间不是存在关联就是存在隶属。为了解决这千丝万缕的联系，该方法将定量分析与定性分析结合起来。首先，用决策者的经验判断进行两两比较，观察两因素在实现其目标时的相对重要程度，并合理地给出每个决策方案的标准权数，利用权数求出各方案的优劣次序，最终的权重大小决定了目标层选择。

层次分析法使用步骤，一般如下：

(1) 建立层次结构模型。在本研究中，用人单位对毕业生就业能力的层次结构图就是该模型。

(2) 构造判断矩阵。对于不同因素，要确定其重要程度，或者说权重时，如果只是通过定性分析得到结果，往往不容易被认可。因而萨蒂等人提出一致矩阵法，就是说，将因素进行两两比较，采用相对尺度，而不是全部因素一同进行比较。这样，既可以降低不同性质因素之间的比较难度，又能够提高准确度。判断矩阵表示的是，在此层中所有的因素是上一层中某一个因素的隶属，通过比较此层中所有因素的相对重要程度，来确定它在其隶属因素中的重要程度，最终表现在对目标层的决策影响之中。判断矩阵元素 a_{ij} 的相对重要程度，用萨蒂的 1—9 标度方法（见表 4 - 1）。

表 4 - 1　萨蒂的 1—9 标度方法

标　度	含　　义
1	两个因素相比较，具有同样重要性
3	两个因素相比较，其中一个因素比另外一个因素稍微重要
5	两个因素相比较，其中一个因素比另一个因素明显重要
7	两个因素相比较，其中一个因素比另一个因素强烈重要
9	两个因素相比较，其中一个因素比另一个因素极端重要
1—3、3—5、5—7、7—9	上述两相邻判断的任何中间值
倒数	因素 i 与 j 比较的判断 a_{ij}，则因素 j 与 i 比较的判断 $a=1/a_{ij}$

资料来源：《决策与判断》AHP（层次分析法），上海科学普及出版社。

（3）权重的确立。权重的确定一般分为 3 种：算术平均法、几何平均法和特征根法。在此次调查中，选择算术平均法来确定其权重，即将矩阵的列向量归一化后，取其算术平均值作为权重向量 W。

（4）最后一步是进行一致性检验。一致性检验就是指对每一级有隶属关系存在的目标确定不一致的允许范围。因为 λ 连续的依赖于 a_{ij}，λ 越大于 n，A 的不一致性就越严重。通过计算最大特征值所对应的特征向量，作为被比较因素对上层某因素影响程度的权向量。其不一致程度越大，引起的判断误差也越大。因而可以用 $\lambda-n$ 数值的大小来衡量 A 的不一致程度。定义一致性指标：$CI=\lambda-n/n-1$，当 CI=0 时，表示此时具有完全的一致性；当 CI 趋近于 0 时，表示有满意的一致性；当 CI 越大时，表示不一致性显现越严重。为了衡量 CI 的大小，还引入了随机一致性指标 RI：

$$RI=\frac{CI_1+CI_2+\ldots+CI_{100}}{100}=\frac{\frac{\lambda_1+\lambda_2+\ldots+\lambda_{100}}{100}-n}{n-1}$$

定义一致性比率：CR=CI/RI（RI 取值见表 4-2）。一般而言，当一致性比率 CR=CI/RI<0.1 时，认为不一致程度在容许范围之内，此时，有满意的一致性，能够通过一致性检验。否则要重新构造成对比较矩阵 A，对 a_{ij} 进行调整。

表 4-2　一致性指标取值

n	1	2	3	4	5	6	7	8	9	10	11
RI	0	0	0.58	0.90	1.12	1.24	1.32	1.41	1.45	1.49	1.51

资料来源：《决策与判断》AHP（层次分析法），上海科学普及出版社。

第二节　人才社会需求的层次分析

一、构造判断矩阵

分别对层次结构图中的 3 个一级指标、一级指标以下的二级指标，以及二级指标以下的三级指标进行两两比较，用萨蒂的 1—9 标度法确定判断矩阵的取值，得到判断矩阵。一般来说，判断矩阵的取值可以通过德尔菲法，也可以通过咨询专家来确定。在本案例运用中，咨询专家也就是调查数据的整合。通过对数据整体求取均值，利用所求均值进行两两分析比较，使用萨蒂1—9标度法判断各因素的相对重要程度。

在调查中，从用人单位对就业能力的需求层次来看，知识体系、能力结构、个性品质、所学专业是它的一级指标，设一级指标知识体系、能力结构、个性品质、所学专业分别是C_1、C_2、C_3、C_4。

对一级指标知识体系、能力结构、个性品质、所学专业来讲，我们调查的具体内容是其二级指标，在本调查中，学科专业知识、计算机和外语等基本技能、通识类知识、专业相关的法律知识是知识结构的二级指标，表示为C_{11}、C_{12}、C_{13}、C_{14}，组织能力、分析能力、表达能力、沟通能力、学习能力、创新能力、应变能力是能力结构的二级指标，表示为C_{21}、C_{22}、C_{23}、C_{24}、C_{25}、C_{26}、C_{27}，敬业精神、团队意识、组织纪律、诚实守信、情商水平、果断自信、吃苦精神是个性品质的二级指标，表示为C_{31}、C_{32}、C_{33}、C_{34}、C_{35}、C_{36}、C_{37}。

而基础理论知识、会计类知识、市场营销类知识、金融投资类知识、国际贸易类知识、人力资源类知识、生产管理类知识是二级指标学科专业知识的三级指标，表示为C_{111}、C_{112}、C_{113}、C_{114}、C_{115}、C_{116}、C_{117}。

接着依据构建的判断矩阵得出各指标权重。就业能力需求的总目标A相对于一级指标知识结构、能力结构、个性品质所学专业的权重，见表4-3所示。

由表4-3可以得出，对于总目标A，$\lambda\max=4$，$CI=0$，完全一致；随机一致性指标$RI=0.90$（查表所得），一致性比率$CR=0<0.1$，一致性检验通过。

表 4-3　各一级指标的权重

	C1	C2	C3	C4	C1	C2	C3	C4	各行求和	权重
C1	1	0.2	2	3	0.15	0.13	0.28	0.16	0.71	0.18
C2	5	1	4	9	0.73	0.64	0.56	0.47	2.40	0.60
C3	0.5	0.25	1	6	0.07	0.16	0.14	0.32	0.69	0.17
C4	0.33	0.11	0.17	1	0.05	0.07	0.02	0.05	0.20	0.05
各列求和	6.83	1.56	7.17	19	各列进行归一化				4	1

一级指标知识结构、能力结构、个性品质相对于其各自的二级指标的权重见表 4-4—表 4-6。

表 4-4　二级指标相对于一级指标知识结构的权重

	C11	C12	C13	C14	C11	C12	C13	C14	各行求和	权重
C11	1.00	0.25	0.50	6.00	0.14	0.15	0.11	0.27	0.67	0.17
C12	4.00	1.00	3.00	8.00	0.56	0.59	0.65	0.36	2.15	0.54
C13	2.00	0.33	1.00	7.00	0.28	0.19	0.22	0.32	1.01	0.25
C14	0.17	0.13	0.14	1.00	0.02	0.07	0.03	0.05	0.17	0.04
各列求和	7.17	1.71	4.64	22.00	各列进行归一化				4	1

由表 4-4 可以得出，对于一级指标 C_1，$\lambda\max=4$，$CI=0$，完全一致；随机一致性指标 $RI=0.90$（查表所得），一致性比率 $CR=0<0.1$，一致性检验通过。

表 4-5　二级指标相对于一级指标能力结构的权重

	C21	C22	C23	C24	C25	C26	C27	C21	C22	C23	C24	C25	C26	C27	各行求和	权重
C21	1.00	0.37	1.20	2.00	4.50	1.40	2.50	0.16	0.14	0.18	0.17	0.18	0.15	0.17	1.15	0.16
C22	2.70	1.00	2.70	4.00	5.50	3.80	5.00	0.42	0.38	0.41	0.34	0.22	0.41	0.33	2.52	0.36
C23	0.83	0.37	1.00	2.20	4.80	1.60	2.90	0.13	0.14	0.15	0.19	0.19	0.17	0.19	1.17	0.17
C24	0.50	0.25	0.45	1.00	3.00	0.63	1.35	0.08	0.09	0.07	0.08	0.12	0.07	0.09	0.61	0.09
C25	0.22	0.18	0.21	0.33	1.00	0.26	0.45	0.03	0.07	0.03	0.03	0.04	0.03	0.03	0.26	0.04
C26	0.71	0.26	0.63	1.60	3.80	1.00	1.80	0.11	0.10	0.10	0.13	0.15	0.11	0.12	0.82	0.12
C27	0.40	0.20	0.34	0.74	2.20	0.56	1.00	0.06	0.08	0.05	0.06	0.09	0.06	0.07	0.47	0.07
各列求和	6.37	2.64	6.53	11.87	24.80	9.24	15.00	各列进行归一化							7	1

表 4 - 6　二级指标相对于一级指标个性品质的权重

	C31	C32	C33	C34	C35	C36	C37	C31	C32	C33	C34	C35	C36	C37	各行求和	权重
C31	1.00	0.22	0.33	0.36	0.42	1.02	2.80	0.07	0.09	0.03	0.06	0.06	0.07	0.10	0.48	0.07
C32	4.50	1.00	4.20	2.60	3.00	4.50	6.00	0.30	0.39	0.40	0.44	0.46	0.31	0.22	2.52	0.36
C33	3.03	0.24	1.00	0.45	0.50	2.00	4.00	0.20	0.09	0.10	0.08	0.08	0.14	0.14	0.83	0.12
C34	2.80	0.38	2.20	1.00	1.06	3.20	5.30	0.19	0.15	0.21	0.17	0.16	0.22	0.19	1.29	0.18
C35	2.40	0.33	2.00	0.94	1.00	2.40	5.00	0.16	0.13	0.19	0.16	0.15	0.17	0.18	1.14	0.16
C36	0.98	0.22	0.50	0.31	0.42	1.00	3.60	0.07	0.09	0.05	0.05	0.06	0.07	0.13	0.52	0.07
C37	0.36	0.17	0.25	0.19	0.20	0.28	1.00	0.02	0.06	0.02	0.03	0.03	0.02	0.04	0.23	0.03
各列求和	15.07	2.57	10.48	5.86	6.59	14.40	27.70	各列进行归一化							7	1

表 4－7　三级指标相对于二级指标学科专业类知识的权重

	C111	C112	C113	C114	C115	C116	C117	C111	C112	C113	C114	C115	C116	C117	各行求和	权重
C111	1.00	5.50	5.80	7.00	8.00	6.00	6.80	0.52	0.68	0.61	0.31	0.22	0.49	0.34	3.16	0.45
C112	0.18	1.00	1.50	5.00	6.50	2.50	4.70	0.09	0.12	0.16	0.22	0.18	0.20	0.23	1.21	0.17
C113	0.17	0.67	1.00	4.50	6.20	2.00	4.00	0.09	0.08	0.11	0.20	0.17	0.16	0.20	1.01	0.14
C114	0.14	0.20	0.22	1.00	4.20	0.29	0.83	0.07	0.02	0.02	0.04	0.12	0.02	0.04	0.35	0.05
C115	0.13	0.15	0.16	0.24	1.00	0.18	0.22	0.06	0.02	0.02	0.01	0.03	0.01	0.01	0.16	0.02
C116	0.17	0.40	0.50	3.50	5.70	1.00	2.60	0.09	0.05	0.05	0.16	0.13	0.08	0.13	0.71	0.10
C117	0.15	0.21	0.25	1.20	4.50	0.38	1.00	0.08	0.03	0.03	0.05	0.12	0.03	0.05	0.39	0.06
各列求和	1.94	8.13	9.43	22.44	36.10	12.35	20.16	各列进行归一化							7	1

由表 4－5 可以得出，对于一级指标 C_2，$\lambda\max=7$，$CI=0$，完全一致；随机一致性指标 $RI=1.32$（查表所得），一致性比率 $CR=0<0.1$，一致性检验通过。

由表 4－6 可以得出，对于一级指标 C_3，$\lambda\max=7$，$CI=0$，完全一致；随机一致性指标 $RI=1.32$（查表所得），一致性比率 $CR=0<0.1$，一致性检验通过。

知识结构中，二级指标专业知识结构相对于其三级指标的权重，见表 4－7。

由表 4－7 可以得出，对于二级指标 C_{11}，$\lambda\max=7$，$CI=0$，完全一致；随机一致性指标 $RI=1.32$（查表所得），一致性比率 $CR=0<0.1$，一致性检验通过。

二、数据分析

通过以上数据分析，用人单位对知识结构、能力结构、个性品质、所学专业的需求重要性总体结果是 0.18、0.60、0.17、0.05。可以看出，在上海的社会经济大环境下，对于总目标而言，用人单位会更注重毕业生的能力结构，其占比已经高达 60%，对知识结构需求占比 18%，对个性品质需求占比 17%。对于一级指标下的二级指标、三级指标的重要性确定，以及最终判断结果，如表 4－8 所示。

（一）知识结构

1. 整体知识结构

对上海的用人单位来说，计算机和外语等基本技能排在首位。可能原因是上海是国际化大都市，随着国内外企业的交流合作越来越多，越来越多的外企选择来上海投资建厂。在信息化时代，计算机已经涉

表 4－8　层次结构重要性判断

<table>
<tr><th>一级指标</th><th>权重</th><th>二级指标</th><th>权重</th><th>三级指标</th><th>权重</th><th>权重之积</th></tr>
<tr><td rowspan="10">知识结构</td><td rowspan="10">0.18</td><td rowspan="7">学科专业类知识</td><td rowspan="7">0.17</td><td>基础理论知识</td><td>0.45</td><td>0.014</td></tr>
<tr><td>会计类知识</td><td>0.17</td><td>0.005</td></tr>
<tr><td>市场营销类知识</td><td>0.14</td><td>0.004</td></tr>
<tr><td>金融投资类知识</td><td>0.05</td><td>0.002</td></tr>
<tr><td>国际贸易类知识</td><td>0.02</td><td>0.001</td></tr>
<tr><td>人力资源类知识</td><td>0.10</td><td>0.003</td></tr>
<tr><td>生产管理类知识</td><td>0.06</td><td>0.002</td></tr>
<tr><td>计算机和外语等基本技能</td><td>0.54</td><td rowspan="3" colspan="2"></td><td>0.097</td></tr>
<tr><td>通识类知识</td><td>0.25</td><td>0.045</td></tr>
<tr><td>专业相关的法律类知识</td><td>0.04</td><td>0.007</td></tr>
<tr><td rowspan="7">能力结构</td><td rowspan="7">0.60</td><td>组织能力</td><td colspan="3">0.16</td><td>0.096</td></tr>
<tr><td>分析能力</td><td colspan="3">0.36</td><td>0.216</td></tr>
<tr><td>表达能力</td><td colspan="3">0.17</td><td>0.102</td></tr>
<tr><td>沟通能力</td><td colspan="3">0.09</td><td>0.054</td></tr>
<tr><td>学习能力</td><td colspan="3">0.04</td><td>0.024</td></tr>
<tr><td>创新能力</td><td colspan="3">0.12</td><td>0.072</td></tr>
<tr><td>应变能力</td><td colspan="3">0.07</td><td>0.042</td></tr>
<tr><td rowspan="2">个性品质</td><td rowspan="2">0.17</td><td>敬业精神</td><td colspan="3">0.07</td><td>0.012</td></tr>
<tr><td>团队意识</td><td colspan="3">0.36</td><td>0.061</td></tr>
</table>

续 表

一级指标	权重	二级指标	权重	三级指标	权重	权重之积
个性品质	0.17	组织纪律		0.12		0.020
		诚实守信		0.18		0.031
		情商水平		0.16		0.027
		果断自信		0.07		0.012
		吃苦精神		0.03		0.005

及工作的方方面面，信息技术知识越来越受到重视。用人单位选择计算机和外语技能排在首位，是因为这几乎是毕业生求职时的必备条件。

其次是通识类知识，对于用人单位来说，通识类知识可使大学生进行有效思维，提高学生表达思想、判断和鉴别价值等方面的能力，并以此使学生的感情和理智都得到发展。这是以往的应试教育中所没有办法体现的。随着中国经济转型，当代企业在选择求职者时，更加愿意选择富有创造性、能够积极适应环境，懂得促进自身发展，为企业带来活力的人。

接下来是学科专业知识。在本次研究中，学科专业知识排在第三。对用人单位来说，学科专业知识不是不重要，要知道专业知识对于一个人能否在工作中取得成就具有很大的作用。专业知识好，本职工作才能做得好。导致此种状况的原因是在如今整体高等教育环境下，大学课程教学并不能完全满足他们的要求。在毕业生工作以后，企业仍然需要花费时间再去培养。既然如此，企业更加愿意选择基本技能过硬、职业素质更高、知识运用能力更强的毕业生。

专业相关的法律知识排在第四。企业普遍认为，不管是哪一个部门、什么职位，员工拥有一定的法律知识是非常有必要的。

2. 学科专业知识结构

基础理论知识排在首位。对于大学生来说，基础理论知识是专业知识的基础，有了扎实的基础理论知识，才能够在工作中不断创新。

会计类知识排在第二。几年前，会计专业非常火热，我国会计从业人员越来越多，但是，会计专业精英人才是很缺少的。企业对会计专业精英人才的需求不可谓不大。

市场营销类知识排第三位。原因是我国企业众多，市场竞争激烈，同时，我国目前仍处于买方市场，大部分企业都需要加强市场销售。

人力资源类知识排名第四。这表明在激烈的经济竞争中，人才十分重要。企业希望有更专业的 HR 能帮助企业更精准的招聘到企业需要的精英人才。

金融投资类知识、生产管理类知识、国际贸易类知识，在比较中重要性程度相差非常小，并列企业重视程度第五。

通过用人单位对大学生知识结构的要求，我们可以看出，用人单位更加注重毕业生的基本技能、通识教育，以及知识运用能力。

(二) 能力结构和个性品质

在能力结构中，用人单位对毕业生的分析能力、表达能力、组织能力、创新能力需求占比非常高，分别占 21.6%、10.2%、9.6%、7.2%。加强分析能力，就是要能够分析各种信息，制定正确的决策，这在信息时代是非常重要的。加强表达能力和组织能力，就是要将自己所希望传达的想法准确无误地表达出来。然而，当代大学生很少主动培养自己的表达能力，在工作中往往词不达意，无法准确、清晰、有条理的讲述自己的观点。国家将科技创新作为一项基本战略，企业为了紧跟步伐，加强自身建设，对人才的创新能力需求也会越来越大。

沟通能力、应变能力、学习能力也是企业非常注重的，不同企业、不同层次领导者也许侧重有所不同，但是拥有这些能力一定会给工作带来很多便利。

在个性品质方面，用人单位更为注重团队意识、诚实守信、情商水平、组织纪律，这表明，用人单位越来越注重团队建设。在工作中，能够相互协调合作的职工，越来越受到企业青睐。

敬业精神、果断自信、吃苦精神也是企业所看重的就业能力，虽说不同领导者侧重不同，但是，这几种能力对职工的职业发展会起到非常大的推动作用。

第三节　专业培养模式的层次分析

一、构造判断矩阵

本研究从知识结构、能力结构、个性品质、所学专业、毕业院校对学生社会需求认知的判断矩阵中，根据表 4-9 的检验结果 $CI=\frac{\lambda_{max}-n}{n-1}=0.0869<0.1$，$CR=0.0775<0.1$，通过一致性检验。准则层中各因素的权重分别为 $W_{B_1}=0.115$；$W_{B_2}=0.504$；$W_{B_3}=0.161$；$W_{B_4}=0.114$；$W_{B_5}=0.106$。首先，能力结构对毕业生的社会需求影响最大。其次，为个性品质、所学专业；毕业院校和知识结构对毕业生的社会需求影响最小。

表 4-9　二级指标对一级指标的判断矩阵

社会需求	B_1	B_2	B_3	B_4	B_5	权重
B_1	1	4	3	2	2	0.105
B_2	1/4	1	3	2	2	0.504
B_3	1/3	1/3	1	1/1.5	1/1.5	0.161
B_4	1/2	1/2	1/1.5	1	1	0.114
B_5	1/2	1/2	1/1.5	1	1	0.106

$\lambda_{max}=5.023$，CI=0.005 9，RI=1.12，CR=0.005 26<0.1

从表 4-10 构造的学科类知识、计算机和外语等基本技能、通识类知识、专业相关的法律类知识对知识结构的判断矩阵中，根据检验结果 $CI=\frac{\lambda_{max}-n}{n-1}=0.002\,65<0.1$，$CR=0.002\,94<0.1$，通过一致性检验。准则层中各因素的权重分别为 $W_{C_1}=0.276$；$W_{C_2}=0.371$；$W_{C_3}=0.209$；$W_{C_4}=0.142$。

表 4-10　三级指标对二级指标知识结构的判断矩阵

知识结构	C_1	C_2	C_3	C_4	权重
C_1	1	3	4	2	0.276
C_2	1/3	1	1/2	1/2	0.371
C_3	1/4	2	1	2	0.209
C_4	1/2	2	1/2	1	0.142

$\lambda_{max}=4.007$，CI=0.002 65，RI=0.9，CR=0.002 94<0.1

从表 4－11 构造的学习能力、沟通能力、表达能力、分析能力、组织能力、应变能力、创新能力对毕业生的能力结构的判断矩阵中，根据检验结果 $CI=\frac{\lambda_{max}-n}{n-1}=0.001\ 76<0.1$，$CR=0.001\ 33<0.1$，通过一致性检验。准则层中各因素的权重分别为 $W_{C_5}=0.171$；$W_{C_6}=0.208$；$W_{C_7}=0.169$；$W_{C_8}=0.112$；$W_{C_9}=0.088$；$W_{C_{10}}=0.139$；$W_{C_{11}}=0.110\ 5$。

表 4－11　三级指标对二级指标能力结构的判断矩阵

能力结构	C_5	C_6	C_7	C_8	C_9	C_{10}	C_{11}	权重
C_5	1	0.8	1	1.5	2	1.2	1.6	0.171
C_6	1/0.8	1	1.2	1.8	2	1.7	2	0.208
C_7	1	1/1.2	1	1/1.6	1/2	1.1	1.5	0.169
C_8	1/1.5	1/1.8	1/1.6	1	1.3	0.8	1	0.112
C_9	1/2	1/2	1/2	1/1.3	1	0.6	0.8	0.088
C_{10}	1/1.2	1/1.7	1/1.1	1/0.8	1/0.6	1	1.2	0.139
C_{11}	1/1.6	1/2	1/1.5	1	1/0.8	1/1.2	1	0.111
$\lambda_{max}=7.011$，$CI=0.001\ 76$，$RI=1.32$，$CR=0.001\ 33<0.1$								

从表 4－12 构造的情商水平、诚实守信、组织纪律、团队意识、敬业精神、吃苦精神、果断自信等因素对毕业生的个性品质影响的判断矩阵中，根据检验结果 $CI=\frac{\lambda_{max}-n}{n-1}=0.002\ 07<0.1$，$CR=0.001\ 56<0.1$，通过一致性检验。准则层中各因素的权重分别为 $W_{C_{12}}=0.185$；$W_{C_{13}}=0.148$；$W_{C_{14}}=0.114$；$W_{C_{15}}=0.146$；$W_{C_{16}}=0.147$；$W_{C_{17}}=0.159$；$W_{C_{18}}=0.097$。

表 4－12　三级指标对二级指标个性品质的判断矩阵

个性品质	C_{12}	C_{13}	C_{14}	C_{15}	C_{16}	C_{17}	C_{18}	权重
C_{12}	1	1.2	1.6	1.3	1.2	1.2	2	0.185
C_{13}	1/1.2	1	1.2	1	1	1	1.5	0.148
C_{14}	1/1.6	1/1.2	1	0.8	0.8	0.6	1.2	0.114
C_{15}	1/1.3	1	1/0.8	1	1	1	1.4	0.146
C_{16}	1/1.2	1	1/0.8	1	1	1	1.4	0.147
C_{17}	1/1.2	1	1/0.6	1	1	1	1.8	0.159
C_{18}	1/2	1/1.5	1/1.2	1/1.4	1/1.4	1/1.8	1	0.097
$\lambda_{max}=7.012$，CI=0.002 07，RI=1.32，CR=0.001 56<0.1								

从表 4－13 构造的基础理论类知识、会计类知识、市场营销类知识、金融投资类知识、国际贸易类知识、人力资源类知识、生产管理类知识对毕业生的学科专业类知识影响的判断矩阵中，根据检验结果 $CI=\frac{\lambda_{max}-n}{n-1}=0.000\,26<0.1$，CR=0.000 196<0.1，通过一致性检验。准则层中各因素的权重分别为 $W_{D_1}=0.183$；$W_{D_2}=0.156$；$W_{D_3}=0.167$；$W_{D_4}=0.153$；$W_{D_5}=0.179$；$W_{D_6}=0.082$；$W_{D_7}=0.076$。

表 4－13　四级指标对三级指标学科专业类知识的判断矩阵

学科专业类知识	D_1	D_2	D_3	D_4	D_5	D_6	D_7	权重
D_1	1	1.2	1.2	1.3	1.1	2	2	0.183
D_2	1/1.2	1	1	1	0.8	2	2	0.156
D_3	1/1.2	1	1	1.2	1	2	2.2	0.167

续　表

学科专业类知识	D_1	D_2	D_3	D_4	D_5	D_6	D_7	权重
D_4	1/1.3	1	1/1.2	1	0.9	1.9	2.1	0.153
D_5	1/1.1	1/0.8	1	1/0.9	1	2.3	2.4	0.179
D_6	1/2	1/2	1/2	1/1.9	1/2.3	1	1.1	0.082
D_7	1/2	1/2	1/2.2	1/2.1	1/2.4	1/1.1	1	0.076
$\lambda_{max}=7.002$，$CI=0.000\ 26$，$RI=1.32$，$CR=0.000\ 196<0.1$								

二、数据分析

从表 4－14 可以看出，毕业生对社会需求的认知研究反映在毕业生对能力结构、计算机和外语等基本技能、沟通能力、情商水平、基础理论类知识等五类最重要的准则上。

表 4－14　专业培养模式的层次分析

二级指标	权　重	三级指标	权　重	四级指标	权　重
	毕业生		毕业生		毕业生
知识结构	0.11	学科专业类知识	0.28	基础理论知识	0.19
				会计类知识	0.16
				市场营销类知识	0.17
				金融投资类知识	0.15
				国际贸易类知识	0.18
				人力资源类知识	0.08
				生产管理类知识	0.08

续　表

二级指标	权　重	三级指标	权　重	四级指标	权　重
	毕业生		毕业生		毕业生
知识结构	0.11	计算机和外语等基本技能	0.37		
		通识类知识	0.21		
		专业相关的法律类知识	0.14		
能力结构	0.51	组织能力	0.09		
		分析能力	0.11		
		表达能力	0.17		
		沟通能力	0.21		
		学习能力	0.17		
		创新能力	0.11		
		应变能力	0.14		
个性品质	0.16	敬业精神	0.15		
		团队意识	0.15		
		组织纪律	0.11		
		诚实守信	0.15		
		情商水平	0.19		
		果断自信	0.10		
		吃苦精神	0.16		
所学专业	0.11				
毕业院校	0.11				

（一）从中可以看出毕业生对所学能力结构的认可度较高，所以在大学期间所学的知识对于将来要走向社会的大学生来说都是非常重要的；学校应该在这方面多多完善本科期间的课程设置和教学内容，要尽可能地迎合就业市场的需求和用人单位对大学生的要求。要注重培养毕业生的能力结构，能力结构是每个毕业生走入社会的资本，能力的培养并不是一朝一夕的事情，这就要求用人单位和毕业生共同努力。此外，毕业生积极塑造独特的个性品质也十分重要。

（二）计算机和外语等基本技能对毕业生的知识结构影响最大，其次为学科类知识、通识类知识和专业相关的法律类知识。所以学校应针对用人单位的需求，开设更多关于计算机及外语等基本技能方面的课程以提高毕业生的就业竞争力；切切实实地提高毕业生计算机、外语的实际应用能力。

（三）沟通能力对毕业生的能力结构影响最大，其次为学习能力、表达能力、应变能力、分析能力、创新能力，组织能力相对于其他能力影响较小。这就要求学校在平时注重教学的同时加强培养学生的沟通能力，具体可以表现在设置课堂讨论环节、课后和老师沟通交流上；学习能力也是毕业生认为在平时工作中应具备的比较重要的能力。本科阶段的教学并不是知识的授予，而是学习能力的培养，日后将这一种能力体现在工作中是非常重要的。

（四）情商水平对毕业生的个性品质影响最大，其次为吃苦精神、诚实守信、敬业精神、团队意识、组织纪律，果断自信对毕业生的个性品质影响最小。这就要求在注重教学水平的同时兼顾毕业生各方面素质的综合发展，特别是情商水平的提高；多多开设一些学习活动促进毕业生个人素质的提高。

（五）基础理论类知识对毕业生的学科专业类知识影响最大，其次为国际贸易类知识、市场营销类知识、会计类知识、金融投资类知识、人力资源类知识,生产管理类知识对毕业生的学科专业类知识影响最小。学校应多开设与基础理论类相关的课程来提高毕业生的就业竞争力,同时还应多开设与国际贸易类相关的课程、市场营销类课程、会计类课程等。从此次调查结果来看,毕业生从事的大多是与国际贸易类知识相关的工作。

第五章　人才社会需求与专业培养模式的差异性分析

第一节　总体性差异性比较

一、知识结构需求的差异比较

知识结构是指一个人经过专门学习培训后所拥有的知识体系的构成情况与结合方式[①]。合理的知识结构是胜任现代社会职业岗位的重要条件之一，是企业选贤用贤的重要参考依据。为了研究用人单位与毕业生对知识结构需求认知的差异，本书将知识结构细化为 4 个层面：学科专业类知识、计算机和外语等基本技能、通识类知识、专业相关的法律类知识。

首先，通过对回收的问卷进行汇总统计，计算出每个细分层面的得分平均值，再通过比较毕业生与用人单位的得分均值差异，从而找出双方对社会需求认知差异的所在。与此同时，从分析的严谨性考虑，此研究还引进了方差分析，通过方差分析来判断毕业生与用人单位两组数据的相关性。方差分析过程中本研究主要参考的是 P 值，某项分析所得的 P 值越大，说明毕业生与用人单位对此项认知存在的差异就越小，

① 李梓房：《知识结构与知识型企业成长》，经济日报出版社 2008 年版，第 25—33 页。

P 值越小说明毕业生与用人单位对此项认知的差异越大。本研究将方差分析显著性水平值 α 设定为 0.1，若 P 值大于 0.1 则说明差异较小，若 P 值小于 0.1 则说明差异较大，经数据处理最终得出表 5－1 的数据。

表 5－1　知识结构总体差异表

知识结构	毕业生均值	用人单位均值	均值差异	方差 P 值
学科专业类知识	3.88	3.88	0	0.96
计算机和外语等基本技能	4.24	4.09	0.15	0.07
通识类知识	3.94	3.96	0.02	0.86
专业相关的法律类知识	3.51	3.5	0.01	0.92

分析表 5－1 的数据，从总体来看，毕业生得分高于用人单位的选项有计算机和外语等基本技能、专业相关的法律类知识，这说明毕业生认为计算机、外语以及专业相关的法律知识的重要程度高于用人单位；毕业生得分低于用人单位的选项有通识类知识，这说明用人单位认为通识类知识的重要程度高于毕业生；关于学科专业类知识，用人单位与毕业生得分相同，说明双方对此项的认识基本不存在差异。

仔细分析表 5－1 中的每一项数据，在毕业生看来，知识结构中最重要的是计算机和外语等基本技能（得分为 4.24），其次是通识类知识（得分为 3.94），排名第三的是学科专业类知识（得分为 3.88），毕业生认为最不重要的是专业相关的法律类知识（得分为 3.51）。在用人单位看来，最重要的是计算机和外语等基本技能（得分为 4.09），第二是通识类知识（得分为 3.96），第三是学科专业类知识（得分为 3.88），最后是专业相关的法律类知识（得分为 3.50）。通过比较可以看出，在重要程度排序上用人单位与毕业生是一致的，双方都认为计算机和外语等基本技能最重要，专业相关的法律知识类最不重要。然而，虽然重要性程度排序相同，但是从双方每一项数据对比来看还存在着一定的差异，差异最突出的是计算机和外语等基本技能，毕业生的平均得分 4.24，高于用人单位得分 4.09，均值差异达到 0.15，这说明毕业生认为计算机及外语等基本技能的重要程度比用人单位要高，同时此项方差分析 P 值为 0.07，小于给定的显著性水平 0.1，同样也反映出毕业生与用人单位对此项认知存在较大差异，造成这种差异的原因在于高校在教育过程中过分强调计算机和外语的重要性，而当毕业生走出校园走向工作岗位后才发现只有一些外资公司或是中外合资公司才对英语的需求比较高，但是进入外企、合资企业的毕业生数量毕竟有限。同时，全国很多高校将计算机二级、大学英语四级作为顺利毕业的硬指标，这些硬指标也是导致毕业生认为计算机和英语技能是社会十分需求的一项基本技能的重要因素。

为了更深入地研究毕业生与用人单位对知识结构需求认知的差异，本章又对知识结构中的学科专业知识结构进行了专项研究，此研究将专业知识结构细分为：基础理论类知识、会计类知识、市场营销类知识、金融投资类知识、国际贸易类知识、人力资源类知识、生产管理类知识，通过均值分析和方差分析得到的数据如表 5－2 所示。

表 5－2　专业知识结构总体差异表

专业知识结构	毕业生均值	用人单位均值	均值差异	方差 P 值
基础理论类知识	3.88	3.95	0.07	0.47
会计类知识	3.77	3.68	0.09	0.38
市场营销类知识	3.86	3.65	0.21	0.04

续 表

专业知识结构	毕业生均值	用人单位均值	均值差异	方差 P 值
金融投资类知识	3.75	3.46	0.29	0.01
国际贸易类知识	3.76	3.29	0.47	0.000 04
人力资源类知识	3.51	3.58	0.07	0.52
生产管理类知识	3.38	3.48	0.10	0.34

从表 5－2 数据可知，毕业生均值得分高于用人单位的选项的有会计类知识、市场营销类知识、金融投资类知识、国际贸易类知识，这说明毕业生认为这些知识的重要程度高于用人单位。用人单位均值得分高于毕业生的选项有：基础理论类知识、人力资源类知识、生产管理类知识，这说明用人单位认为这三方面知识的重要程度高于毕业生。

从表 5－2 中的每一项数据来看，用人单位与毕业生对专业知识结构认知差异最大的三项是市场营销类知识、金融投资类知识、国际贸易类知识，这三项均值差异分别达到了 0.21、0.29、0.47，从方差分析得出的数据来看，这三项的方差 P 值也均小于设定的显著性水平 α 值0.1，说明双方对这三项的认知差异明显。对比用人单位与毕业生的这三项数据可以看出毕业生的均值均高于用人单位的均值，也就是说毕业生认为市场营销知识、金融投资知识、国际贸易知识的重要性程度高于用人单位。分析认为，造成这种差异的主要原因在于该校毕业生的就业市场主要在上海地区，上海是一座国际性的大都市，金融行业、国际贸易行业十分发达，正是处于这样的背景环境下，导致毕业生认为市场营销、金融、国贸类理论知识的重要性程度很高。不可否认这些知识在上海确实重要，但是在用人单位看来，相对于专业理论知识，营销、金融、国贸类的实践经验才是最重要的，而这些实践经验是在实际工作中慢慢积累所得的。由此可见，毕业生偏重理论知识，而用人单位强调的是实战经验，这是导致双方在市场、金融、国际贸易知识认知上存在差异的主要原因。

二、能力结构需求的差异比较

能力结构的基本性质是多元的——不是一种能力而是一组能力。其基本结构也是多元的——各种能力不是以整合的形式存在，而是以相对独立的形式存在。[①] 当今时代是需要多元人才的时代，这就要求高校教育必须适应社会需求，促进学生各种能力的全面发展。相对于专业基础知识，能力是一项软实力，为深入研究毕业生与用人单位对能力结构需求认知的差异，本书将能力结构细分为学习能力、沟通能力、表达能力、分析能力、组织能力、应变能力、创新能力。通过对调查数据进行均值分析和方差分析，得到表 5-3 所示的数据。

表 5-3　能力结构需求总体差异表

能力结构	毕业生均值	用人单位均值	均值差异	方差 P 值
学习能力	4.62	4.52	0.1	0.13
沟通能力	4.69	4.76	0.07	0.29
表达能力	4.6	4.54	0.06	0.31
分析能力	4.3	4.35	0.05	0.49

① 胡玉龙、唐志强等：《普通心理学》，人民教育出版社 2002 年版，第 61—77 页。

续　表

能力结构	毕业生均值	用人单位均值	均值差异	方差 P 值
组织能力	4.11	4.14	0.03	0.74
应变能力	4.5	4.46	0.04	0.63
创新能力	4.23	4.31	0.08	0.34

总体来看，表 5－3 中毕业生均值高于用人单位的选项有学习能力、表达能力、应变能力，说明毕业生认为这三项能力的重要程度高于用人单位；用人单位均值高于毕业生的选项有沟通能力、分析能力、组织能力、创新能力，说明用人单位认为这四种能力的重要程度高于毕业生。

分析表 5－3 中的每一项数据，从均值差异数据和方差分析数据两方面看差异都不明显。各组选项均值差异都没有超过 0.1，方差分析的 P 值也都大于给定的显著性水平 α 值 0.1。从重要性程度排序上看，毕业生排在前三的是沟通能力、学习能力、表达能力，用人单位同样认为这三种能力在能力结构中最为重要，而且双方都认为组织能力最不重要，由此可见毕业生与用人单位对能力结构需求认知差异很小。然而，虽然从总体来说差异不明显，但从个别数据来分析还是能挖掘出差异的存在，比如学习能力和创新能力这两组数据，就学习能力这一项来看，毕业生均值 4.62，高于用人单位均值 4.52，但就创新能力这一项来看，毕业生均值 4.23，低于用人单位均值 4.31，存在这种差异的原因主要在于毕业生在校园环境中习惯于被动学习接受课本上的知识，所以认为学习能力较为重要，而对于用人单位来说不仅注重员工的学习能力，企业更希望雇用富有创新能力的人才，毕竟在科技飞速发展的今天，依靠创新为企业带来的价值远远高于依赖学习模仿所带来的价值。

三、个性品质需求的差异比较

同能力结构一样，个性品质同样是一项软实力，个性品质对于企业文化建设来说具有十分重要的意义[①]。如今的企业在选人用人的时候越来注重考察毕业生的个性品质，所以本书对个性品质需求认知差异也进行了深入细致的研究。此项研究将个性品质细分为情商水平、诚实守信、组织纪律、团队意识、敬业精神、吃苦精神、果断自信，研究得出的数据如表 5－4 所示。

表 5－4　个性品质需求总体差异表

个性品质	毕业生均值	用人单位均值	均值差异	方差 P 值
情商水平	4.6	4.35	0.25	0.000 1
诚实守信	4.48	4.78	0.3	0.000 01
组织纪律	4.36	4.45	0.09	0.17
团队意识	4.44	4.6	0.16	0.03
敬业精神	4.5	4.54	0.04	0.52
吃苦精神	4.42	4.37	0.05	0.47
果断自信	4.22	4.14	0.08	0.32

根据表 5－4 的数据，毕业生均值高于用人单位的选项有：情商水平、吃苦精神、果断自信，说明毕业生认为这三项个性品质的重要程度

① 陈丽：《构建个性追求品质》，重庆大学出版社 2013 年版，第 18—37 页。

高于用人单位;用人单位均值高于毕业生的选项有：诚实守信、组织纪律、团队意识、敬业精神,说明用人单位认为这些个性品质更为重要。毕业生认为前三重要的个性品质分别为情商水平、敬业精神、城市守信,而用人单位认为前三重要的个性品质分别是诚实守信、团队意识、敬业精神,在前三重要个性品质中双方存在差异的是团队意识和情商水平,分析认为企业之所以更注重团队意识,是因为在当今社会,企业的分工越来越细,任何人都不可能独立完成所有的工作,任何一个人的力量都是渺小的,只有融入团队,只有与团队一起奋斗,才能实现个人价值的最大化,才能为企业创造更多的价值。

从单项个性品质来看,表 5 - 4 中均值差异较大的是诚实守信、情商水平和团队意识,而且这三项方差分析得出的 P 值也都小于设定的显著性水平 α 值 0.1,这就更加说明毕业生与用人单位对这三项的认知存在较大差别。对于诚实守信这一项来说,用人单位均值为 4.78,高于毕业生的 4.48,均值差异为 0.3,差别较为明显,这说明用人单位极为看重诚实守信这一个性品质,原因在于诚实守信是最基础的个性品质,只有做到诚实守信才能更好地去完善其他品质。对于情商水平这一项来说,毕业生均值为 4.6,高于用人单位均值 4.35,用人单位认为情商重要程度较低,分析认为主要原因是情商在工作中的应用主要体现在处理人际关系上,但是高情商并不是处理好人际关系的必备因素,对于用人单位来说,只要能处理好人际关系就行,无所谓员工是否具备高的情商。对于团队意识这一选项上文已做分析,这里不作重复解读。

四、人才培养方式方法的差异比较

人才培养方式方法的不同是导致用人单位与毕业生对社会需求认

知差异的重要因素。为研究毕业生与用人单位对人才培养方式方法认知的差异，本书列出一些具体的需要改进的培养方式方法，被调查的毕业生和用人单位按重要性为这些需要改进的方法方式打分，经过系统的统计分析，我们得到数据如表 5－5 所示。

表 5－5　人才培养方式方法总体差异表

培养方式方法差异	毕业生均值	用人单位均值	均值差异	方差 P 值
产学合作培养不足	4	3.72	0.28	0.007 2
与社会经济发展实际相脱节	3.88	3.62	0.26	0.007 2
未充分利用信息技术手段	3.71	3.32	0.39	0.000 1
培养方式方法单一	3.9	3.58	0.32	0.002 9
教师缺少专业实践经历	3.58	3.3	0.28	0.018 1
实践实训设施落后	3.49	3.2	0.29	0.013 5
校风、教风、学风不严谨	3.37	2.9	0.47	0.000 1

通过表 5－5 的数据可以看出每一项均值均有较大差异，而且每一项的方差分析 P 值均小于显著性水平 α 值 0.1，由此可以反映出毕业生与用人单位对各项培养方式方法的认知均有较大不同。仔细观察表中的数据可以发现，毕业生的每一项均值均大于用人单位的均值，这说明现今高校培养学生更多依赖的还是课堂教学，课内课外互动实践教学环节相对缺乏。毕业生得分较高也说明毕业生认为这些方式方法亟须改进的重要性以及迫切性要高于用人单位，毕业生的这种危机意识值得肯定。

从单个选项来看，毕业生均值排在前三的选项是：产学合作培养不足、与社会经济发展实际相脱节、培养方式方法单一，用人单位均值排列前三的选项与此相同，说明“产学合作培养不足、与社会经济发展实际相脱节、培养方式方法单一”是学校在培养方法方式上亟须改进的地方。同时我们注意到，毕业生均值与用人单位均值最高的一项都是“产学合作培养不足”，均值分别为 4.0 和 3.72，产学合作培养模式在现今高等教育中发挥着越来越重要的作用，高校人才的培养需要广阔而丰富的环境支持，高校校园已不再是人才培养的唯一场所，高校与企业合作教育模式需要积极推进并且需要得到各界的大力支持。

五、结论

总体来看，用人单位与毕业生对社会需求认知差异主要存在于以下几个方面：

（一）就知识结构而言，双方对“计算机和外语等基本技能”认知差异较大，学生认为计算机及外语等基本技能重要程度很高，而用人单位认为此项技能的重要程度并非太高，主要是因为许多高校将计算机二级、大学英语四级作为顺利毕业的硬性指标。

（二）就学科专业知识结构而言，差异最为明显的指标为市场营销类知识、金融投资类知识、国际贸易类知识，学生认为营销、金融、国贸方面的知识更为重要，而用人单位则更注重的是理论基础知识，分析认为用人单位更注重实践知识，而毕业生更注重理论知识是造成这种差异的主要原因。

（三）就能力结构而言，学生倾向于对学习能力的培养，而用人单位更需要创新能力强的人才，造成这种差异的原因主要在于学生习惯于在校园环境中被动地学习书本上的知识，而用人单位更希望雇用富有创新力的人才。

（四）就个性品质而言，高校毕业生认为情商水平最为重要，而用人单位更看重诚实守信的个性品质，分析来看主要是因为诚实守信是最为基础的个性品质，只有做到诚实守信才能去更好地完善其他品质。

（五）就培养方式而言，通过调查反映出的问题是高校培养模式主要以课堂教学为主，而课内课外互动实践环节较为薄弱，产学合作依然不足，综合来看，受中国传统教学模式影响，以及校内校外环境差异，是导致毕业生与用人单位对社会需求认知存在差异的主要原因。

第二节　层次分析的差异性比较

本研究将大学毕业生的就业能力分为知识结构、能力结构和个性品质等 3 个维度，将其作为本次层次分析的一级指标，并对一级指标再划分成为二级指标，以此类推，本次研究只进行三级指标的划分。以此采用层次分析法对各级指标进行分层次分析，能更清晰明了地比较毕业生认知与社会需求之间的差异。

一、一级指标的差异性分析

对就业能力的一级指标知识结构、能力结构和个性品质进行分析，通过对毕业生和受访单位问卷情况的汇总计算，得出两者对知识结构、能力结构和个性品质认知的相对权重及方差（见表 5－6）。

由表 5－6 可以看出，毕业生最为看重的是知识结构，占比 56%；其次为能力结构，占比 30%；个性品质较不被看重，仅占 14%。而企业最为看重的是能力结构，高达 63%；知识结构和个性品质相差不大，分别为19%和18%。方差分析得出毕业生与社会需求之间没有显著性差异。但对于知识结构，两者权重比相差0.37，方差为0.068；能力结构相差0.33，方差为0.054，故两者之间存在一定的差异。

表5-6　毕业生认知与社会需求关于就业能力的差异性

	毕业生认知	社会需求	权重差	方　差
知识结构	0.56	0.19	0.37	0.068
能力结构	0.30	0.63	−0.33	0.054
个性品质	0.14	0.18	−0.04	0.001

由此可知，在对毕业生就业能力的一级指标上，毕业生认知与企业需求便存在一定差异，但并不显著。大学生最为重视的知识结构却并不为企业所看重，而企业最为看重的能力结构在毕业生认知中并受到相应的重视，个性品质都是毕业生与企业都最不看重的，在该点上两者一致。

毕业生最为看重知识结构与当前的教育体系密不可分，在应试教育的背景下，无论是学校还是家长都将学习知识视为最重要的事，大学生也是深受其影响，然而能力结构却是企业最为看重的就业能力指标。因此，毕业生和高校都应该从根本上转变培养方式，知识结构固然重要，但更应该注重学生各方面能力的培养，以适应职场工作。

二、二级指标的差异性分析

二级指标是对一级指标(即知识结构、能力结构、个性品质)的内容进行具体划分，是为了更好地对一级指标的就业能力进行进一步研究而对其进行的更详尽的细分。本研究希望通过对二级指标的分析，了解毕业生的认知和社会需求对于一级指标的认知差异具体表现在哪些方面，从而制定更适宜的解决措施和方案。

(一) 对知识结构的分析

将知识结构划分为学科专业知识、计算机及外语等基本技能、通识类知识、专业相关的法律知识等 4 个二级指标。通过对毕业生和受访单位问卷情况的汇总计算，得出两者对该 4 个二级指标认知的相对权重及方差(见表 5-7)。

表 5-7 毕业生认知与社会需求关于知识结构的差异性

	毕业生认知	社会需求	权重差	方 差
学科专业知识	0.28	0.17	0.11	0.006
计算机和外语等基本技能	0.37	0.54	−0.17	0.014
通识类知识	0.21	0.25	−0.04	0.001
专业相关的法律知识	0.14	0.04	0.1	0.005

由表 5-7 可知，在知识结构方面，毕业生较为看重计算机和外语等基本技能，其次是学科专业知识和通识类知识，法律知识较不看重。而企业最为看重的也是计算机和外语等基本技能，高达 0.54；较为看重通识类知识，占比 0.25；再次是学科专业知识，为 0.17，最不看重的是专业相关的法律知识，仅 0.04。方差分析得出毕业生与社会需求之间没有显著性差异。从权重差和方差来看，两者之间均相差不大，较为一致。

由表 5-7 还可以看出，毕业生和企业对于知识结构内的二级指标认知匹配度较高。都最为看重计算机及外语等基本技能，说明这两项技能在工作中是必可不少的，也是受到广泛认同的。高校和政府也深刻认识到这点，对大学生积极进行相关技能的培训，并组织学生参加英语和计算机的等级考试以保证毕业生能满足企业要求。专业相关的法律知识是最不被看重的，尤其不被企业所看重。因此，对于非法律专业的大学生应更加注重通识和专业知识的学习，相关法律知识可有些许了解，但不用过于追求，切勿顾此失彼。

(二) 对能力结构的分析

将能力结构划分为学习能力、沟通能力、表达能力、分析能力、组织能力、应变能力和创新能力等 7 个二级指标，包括了作为职场新人所需具备的各项基本能力。通过对毕业生和受访单位问卷情况的汇总计算，得出两者对该二级指标认知的相对权重及方差(见表 5－8)。

表 5－8　毕业生认知与社会需求关于能力结构的差异性

	毕业生认知	社会需求	权重差	方　差
学习能力	0.17	0.04	0.13	0.008
沟通能力	0.21	0.09	0.12	0.007
表达能力	0.17	0.17	0	0.000
分析能力	0.11	0.36	−0.25	0.031
组织能力	0.09	0.16	−0.07	0.002
应变能力	0.14	0.07	0.07	0.002
创新能力	0.11	0.12	−0.01	0.000

由表 5－8 可知，毕业生对各能力重要性的认知并没有显著差别，相对而言，他们更看重沟通能力，权重达 21％；此后依次为学习能力、表达能力、应变能力、分析能力、创新能力；而组织能力所占权重偏低，为 9％，较不被看重。企事业单位最为看重的是分析能力，所占权重达 36％，远高于其他能力所占比重；其次是表达能力（17％）、组织能力（16％）和创新能力（12％），而沟通能力和应变能力较不被看重，所占比重分别为 9％和 7％。方差分析得出毕业生与社会需求之间没有显著性差异。从权重差和方差来看，两者相差不大，较为一致。

分析可知，毕业生和企业对能力结构的认知总体差异不大，但个别存在一定的差异。企业最为看重的分析能力并不那么被毕业生所重视，两者权重相差 25％；而企业最不看重的学习能力和沟通能力却在毕业生认知中占比不少；对于其他能力的认知，毕业生与企业认知差异较小。

由此可知，企业更为注重毕业生的分析思考能力，更希望职员能够独立思考和解决问题。而大学生在校作为知识的接受者，更多的是聆听和学习，较少进行深入思考，故缺少该方面的锻炼和重视。所以，大学生在学习和实践中更应该学会主动分析和研究，更加深刻细致地解析问题，提出对策和方案。

（三）对个性品质的分析

将个性品质进一步划分为以下 7 个二级指标：情商水平、诚实守信、组织纪律、团队意识、敬业精神、吃苦精神、果断自信。通过对毕业生和受访单位问卷情况的汇总计算，得出两者对该二级指标认知的相对权重及方差（见表 5－9）。

表 5－9　毕业生认知与社会需求关于个性品质的差异性

	毕业生认知	社会需求	权重差	方　差
情商水平	0.19	0.16	0.03	0.000
诚实守信	0.15	0.18	－0.03	0.000
组织纪律	0.11	0.12	－0.01	0.000
团队意识	0.15	0.36	－0.21	0.022
敬业精神	0.15	0.07	0.08	0.003
吃苦精神	0.16	0.03	0.13	0.008
果断自信	0.1	0.08	0.02	0.000

由表 5－9 可知，首先，毕业生对个性品质内的各二级指标重要性的认知差异不大，所占权重均在 10%～20%。而企事业单位最为看重的是团队精神，占比达 36%。其次，为诚实守信（18%）、情商水平（16%）和组织纪律（12%）。再次，是敬业精神和果断自信，占比均为 7%；吃苦精神所占权重只有 3%，最不被企事业单位所看重。权重差和方差表明，从总体来说，毕业生认知与社会需求之间差异不大，仅个别指标（如团队意识、吃苦精神）存在一定差异。方差分析毕业生与社会需求之间没有显著性差异。

企业极其看重团队精神，究其原因，公司内的工作、公司间的合作都需要不同部门、所有员工通力合作才能很好的完成，故团队合作显得尤为重要。而毕业生对个性品质内各指标的认识并没有明确意识，究其原因，无论高校还是个人并没有对个性品质的孰先孰后、孰优孰劣有明确的标准。因此大学生应尽早对自身的个性品质进行了解，并对目标行业有细致分析，从而着重培养自己所欠缺的品质，以满足企业的需求。

三、三级指标的差异性分析

本书只对二级指标的学科专业知识进行了三级划分，将其分为基础理论类知识、会计类知识、市场营销类知识、金融投资类知识、国际贸易类知识、人力资源类知识、生产管理类知识等7项指标。通过对毕业生和受访单位问卷情况的汇总计算，得出两者对二级指标认知的相对权重及方差（见表5－10）。

表5－10　毕业生认知与社会需求关于学科专业知识的差异性

	毕业生认知	社会需求	权重差	方　差
基础理论类知识	0.18	0.45	－0.27	0.036
会计类知识	0.16	0.17	－0.01	0.000
市场营销类知识	0.17	0.14	0.03	0.000
金融投资类知识	0.15	0.05	0.1	0.005
国际贸易类知识	0.18	0.02	0.16	0.013
人力资源类知识	0.08	0.1	－0.02	0.000
生产管理类知识	0.08	0.06	0.02	0.000

由表5－10可知，毕业生最为看重的国际贸易类知识，占比18％，但这是企业所最不重视的，两者权重比相差0.16；而毕业生另一重视的基础理论类知识虽然也是企业最为重视的，但两者之间的差距依然高达0.27；对金融投资类知识，毕业生和企业也达到了0.1的差距。除此之外其他几项，两者之间相差甚微，方差也接近于0。方差分析得出毕

业生与社会需求之间没有显著性差异。

分析可知，虽然对于学科专业类知识，毕业生认知与社会需求之间没有显著性差异，但依然不匹配。企业较为注重学习基础知识，尤其是对于专业性强的行业，因此学生在校期间应多注重基础理论知识的学习和掌握。而对于经管专业学生而言，会计及市场营销类知识都较受到双方关注，学生应加强这两个方面的学习。可能由于受访企业行业类别的限制，对生产管理类知识、金融投资类知识和国际贸易类知识的需求较低，学生可根据自身目标行业进行斟酌。

四、结论

为更加直观全面地将毕业生对就业能力的认知与社会需求进行对比分析，本研究将前述各指标所占权重值进行整合，并将其汇总在同一表格内(见表 5－11)。

为更好地将各末级能力指标从整体进行全面细致的分析，本书对每个末级能力指标与相对应的权重进行了乘积，以计算出各末级指标在整个就业能力总体中所占比重大小，并计算出毕业生和企业的权重差，按差其绝对值从大到小进行排序(见表 5－12)。

从单项指标来看，毕业生最为看中的就业能力为计算机和外语等基本技能。究其原因是，在全球经济化和互联网时代，尤其是在上海这样的国际中心，外语和计算机能力成为日常办公不可或缺的一项技能。而高校对该课程的开展、企业招聘启事的明确要求以及教育部门进行的等级考试更是强化了学生对其重要性的认知。

企业最为看重的是分析能力，因为对于企业而言，更希望员工能独立思考，对公司的问题能进行分析形成自己的见解并提出解决方案，而不是只是做上层交代的事情。特别是对公司目前状况的分析，有助于

表 5－11　毕业生与企业权重对比汇总表

一级指标	权重		二级指标	权重		三级指标	权重		权重之积	
	毕业生	企业		毕业生	企业		毕业生	企业	毕业生	企业
知识结构	0.48	0.18	学科专业类知识	0.28	0.17	基础理论知识	0.18	0.45	0.024	0.014
						会计类知识	0.16	0.17	0.022	0.005
						市场营销类知识	0.17	0.14	0.023	0.004
						金融投资类知识	0.15	0.05	0.020	0.002
						国际贸易类知识	0.18	0.02	0.024	0.001
						人力资源类知识	0.08	0.10	0.011	0.003
						生产管理类知识	0.08	0.06	0.011	0.002
			计算机和外语等基本技能	0.37	0.54				0.178	0.097
			通识类知识	0.21	0.25				0.101	0.045
			专业相关的法律类知识	0.14	0.04				0.067	0.007
能力结构	0.26	0.60	组织能力	0.09	0.16				0.023	0.096
			分析能力	0.11	0.36				0.029	0.216

续　表

一级指标	权　重		二级指标	权　重		三级指标	权　重		权重之积	
	毕业生	企业		毕业生	企　业		毕业生	企　业	毕业生	企　业
能力结构	0.26	0.60	表达能力	0.17	0.17				0.044	0.102
			沟通能力	0.21	0.09				0.055	0.054
			学习能力	0.17	0.04				0.044	0.024
			创新能力	0.11	0.12				0.029	0.072
			应变能力	0.14	0.07				0.036	0.042
个性品质	0.12	0.17	敬业精神	0.15	0.07				0.018	0.012
			团队意识	0.15	0.36				0.018	0.061
			组织纪律	0.11	0.12				0.013	0.020
			诚实守信	0.15	0.18				0.018	0.031
			情商水平	0.19	0.16				0.023	0.027
			果断自信	0.10	0.07				0.012	0.012
			吃苦精神	0.16	0.03				0.019	0.005

表 5 - 12　各能力指标权重差排序

能力指标	毕业生	企　业	权重差
分析能力	0.029	0.216	−0.187
计算机和外语等基本技能	0.178	0.097	0.081
组织能力	0.023	0.096	−0.073
专业相关的法律类知识	0.067	0.007	0.060
表达能力	0.044	0.102	−0.058
通识类知识	0.101	0.045	0.056
创新能力	0.029	0.072	−0.043
团队意识	0.018	0.061	−0.043
国际贸易类知识	0.024	0.001	0.023
学习能力	0.044	0.024	0.020
市场营销类知识	0.023	0.004	0.019
金融投资类知识	0.020	0.002	0.018
会计类知识	0.022	0.005	0.017
吃苦精神	0.019	0.005	−0.014
诚实守信	0.018	0.031	−0.013
基础理论知识	0.024	0.014	0.010
生产管理类知识	0.011	0.002	0.009
人力资源类知识	0.011	0.003	0.008
组织纪律	0.013	0.02	−0.007
敬业精神	0.018	0.012	0.006

续　表

能力指标	毕业生	企　业	权重差
应变能力	0.036	0.042	−0.006
情商水平	0.023	0.027	−0.004
沟通能力	0.055	0.054	0.001
果断自信	0.012	0.012	0.000

增强对公司的了解，也有利于对未来进行有效的预测。这些都是很多职员所欠缺而却是企业所需要的。

从权重差值来看，毕业生对于分析能力的认知与社会需求之间的差距负值最大，高达−0.187，毕业生认知明显不足，与大学生在校期间更倾向于接受知识而并非主动思考学习有极大的关系。而对于计算机和外语等基本技能的认知，达到了正值最大为0.081，很大程度上是等级考试的压力以及就业要求使得大学生对其投入了极大的关注。而对于果断自信、沟通能力等，毕业生认知与社会需求基本吻合。

总体来看，毕业生对能力（分析能力、组织能力、表达能力、创新能力、应变能力）和个性品质（团队意识、诚实守信、组织纪律、情商水平）的重要性认知普遍不足，尤其是对前四大能力严重不足。而对知识结构内的一些内容（专业相关的法律类知识、通识类知识、国际贸易类知识、市场营销类知识、金融投资类知识等）过于重视，这些是导致毕业生与社会需求匹配度不一致的主要表现所在。

高校在培养大学生过程当中教学内容重理论、轻实践，教学方法单一，不能产学结合，只是一味地将课本知识传授给学生，忽略了学生能力的培养，与社会需求脱轨。而大学生对社会需求关注甚少，以至于不知着手提升企业较为看重的就业能力。因此各高校和大学生应注重对能力结构和个性品质的培养，而不只是强调知识的传授与学习，要更多了解、分析社会需求，适时调整教育方式，以培养出更多有能力、有知识、符合社会需求的优秀毕业生。

第六章　基于实践能力结构均衡发展的专业培养模式改革研究

第一节　人才社会需求与专业培养模式调研的结论

一、人才社会需求调研的结论

(一) 整体知识结构

1. 专业知识

绝大多数用人单位认为专业技术类知识是最重要的，专业知识对于一个人能否在工作中取得成就具有很大的作用。专业知识好，本职工作才能做得好。在如今整体高等教育环境下，大学课程教学并不能完全满足他们的要求。在毕业生工作以后，企业仍然需要花费时间再去培养。既然如此，企业更加愿意选择基本技能过硬、职业素质更高、运用知识能力更强的毕业生。

但不同规模的企业对专业知识的要求存在差异：大型企业对专业要求低，而对通用知识要求高；相反，中小企业对专业知识要求高。这是因为大型企业规模大，岗位多，经常要换岗轮岗，所以对专业知识要求比通识知识要求低。而中小企业规模小，岗位基本固定，所以对专业知识要求高。

2. 通识知识

通识知识可训练学生进行有效思维，提高学生表达思想、判断和鉴别价值等方面的能力，并以此使学生的感情和理智都得到发展。通识知识对于完善学生的智能结构、提高他们的审美情趣、加强他们的创造性和适应性、促进他们的和谐发展都有着重要意义，这是以往的应试教育中没办法体现的。随着中国经济转型，当代企业在选择求职者时，更加愿意选择富有创造性、能够积极适应环境，懂得促进自身发展，为企业带来活力的人，尤其是大型企业和高层管理者非常重视大学生的通识知识。

3. 信息技术类知识

随着信息技术的发展，电脑已进入企业的各个部门和环节，信息技术类知识越来越受到重视。在信息化时代，计算机已经涉及工作的方方面面，信息技术知识越来越受到重视，这几乎是毕业生求职时的必备条件。中小企业和基层管理者对信息技术类知识更加重视。

4. 外语

上海作为国际性大都市，外语知识受到重视是理所当然。随着国内外企业的交流合作越来越多，越来越多的外企选择来上海投资建厂，特别是大型企业和高层管理者更加重视外语知识。

5. 专业相关的法律知识

企业认为，不管是哪一个部门、什么职位，拥有一定的法律知识是非常有必要的。

（二）学科专业知识结构

1. 基础理论知识

多数用人单位认为经管类大学生最应该掌握好基础理论类知识，

这一点达成共识。因为对于经管类大学生来说，基础理论知识是专业知识的基础，有了扎实的基础理论知识才能够在工作中不断创新。

2. 市场营销类知识

这是由于我国企业众多，市场竞争激烈，我国目前处于买方市场，大部分企业需要加强市场销售。中小企业对所需人才的市场营销类知识要求更高。

3. 会计类、国际贸易类和金融投资类知识

从不同的角度分析，位次有所不同。

这三类知识专业性、技术性强，因而受到用人单位的重视。

需要特别指出的是，企业重视专业知识，并不等于重视学习成绩，绝大部分企业在招聘时都不重视学习成绩，而是强调运用知识的能力。大型企业和高层管理者更重视基础理论知识、金融投资知识；而中小企业更重视市场营销、会计等实用知识。中小型企业对各类知识要求更加均衡，要求复合型人才的特点更明显。

通过用人单位对大学生知识结构的要求，我们可以看出，用人单位需求对通识教育课程平台构建及复合型、应用型人才培养模式提出了迫切要求。基于学生终身发展要求的社会适应力培养和职业发展能力培养应放在突出重要的地位。

（三）能力结构和个性品质

在能力结构中，用人单位对毕业生的分析能力、表达能力、组织能力、创新能力需求占比非常高，分别占 21.6%、10.2%、9.6%、7.2%。加强分析能力，就是要能够分析各种信息，制定正确的决策，这在信息时代是非常重要的。加强表达能力和组织能力，就是要将自己希望传达

的想法准确无误地表达出来。然而,当代大学生很少主动培养自己的表达能力,在工作中往往词不达意,无法准确、清晰、有条理的讲述自己的观点。创新能力是经济社会需要的,国家将科技创新作为一项基本战略,企业为了紧跟步伐,加强自身建设,对人才的创新能力需求也会越来越大。

沟通能力、应变能力、学习能力也是企业非常注重的,不同企业、不同层次领导者也许侧重有所不同,但是拥有这些能力一定会给工作带来很多便利。

关于大学生的个性品质,用人单位最看重的前四项分别是学习愿望强烈、能吃苦耐劳、能服从组织和专心本职工作。不同企业和不同岗位都将学习愿望强烈放在第一位,这一点没有差别。但大中型企业强调吃苦耐劳,而小型企业则更强调服从组织。高层管理者看重专心本职工作,而中低层管理者要求能服从组织分配。

敬业精神、果断自信、吃苦精神也是企业所看重的就业能力,虽说不同领导者侧重不同,但是,这几种能力对职工的职业发展会起到非常大的推动作用。

用人单位对大学生知识结构和能力结构的多元化要求说明,大学教育不仅要注重专业技能的学习,更应该注重能力培养。尽管专业知识学习是大学教育教学的基本内容,但是相比较多样化的社会适应力和职业发展能力要求,我们的大学教育应该在解惑的同时更注重“授道”通道的构筑。高水平大学建设要求高校人才培养模式加强对于学与思的结合、知与行的统一,特别要做到具体问题具体分析、因材施教。

随着现代科技的不断发展,人们似乎将自然、社会以及人的精神都抛之脑后,反而认为“学好数理化,走遍天下都不怕”。逐渐轻视人的全面素质培养，重理工实用学科，轻人文社会科学等文科专业。只重视理科知识，忽略情感态度和价值观的培养，会导致学生脱离生活实际，磨灭他们的生活情趣。这样的学校教育已不再适应时代的要求以及人的全面发展。

高校在培养大学生过程中教学内容重理论、轻实践，教学方法单一，不能产学结合，只是一味地将课本知识传授给学生，忽略了学生能力的培养，与社会需求脱轨。而大学生对社会需求关注甚少，以至于不知着手提升企业较为看重的就业能力。因此各高校应注重对能力结构和个性品质的培养，而不只是强调知识的传授与学习，应更多地了解分析社会需求，适时调整教育方式，以培养出更多有能力、有知识、符合社会需求的优秀毕业生。

二、专业培养模式调研的结论

（一）毕业生对所学能力结构的认可度较高

在大学期间所学的知识对于将来要走向社会的大学生来说都非常重要；学校应该在这方面多多完善本科期间的课程设置和教学内容，要尽可能地应对就业市场的需求和用人单位对大学生的要求，要注重培养毕业生的能力结构。毕业生还应该积极塑造独特的个性品质。

（二）计算机和外语等基本技能对毕业生的知识结构影响最大

学校应针对用人单位的需求，开设更多关于计算机和外语等基本技能方面的课程以提高毕业生的就业竞争力；切切实实地提高毕业生计算机、外语的实际应用能力。

（三）沟通能力对毕业生的能力结构影响最大

学校在平时注重教学的同时加强培养学生的沟通能力，具体可以表现在设置课堂讨论环节、课后和老师沟通交流上；学习能力也是毕业生认为在平时工作中应具备的比较重要的能力。本科阶段的教学并不是知识的授予，而是学习能力的培养，日后将这一种能力体现在工作中非常重要。

（四）情商水平对毕业生的个性品质影响最大

学校在注重教学水平的同时兼顾毕业生各方面素质的综合发展，特别是情商水平的提高，多多开展一些学习活动促进毕业生个人素质的提高。

（五）基础理论类知识对毕业生学科专业类知识影响最大

学校应多开设与基础理论类相关的课程来提高毕业生的就业竞争力，同时多开设与国际贸易类相关的课程、市场营销类课程、会计类课程等。从此次调查结果来看，毕业生从事的是大多与国际贸易类知识相关的工作。

三、人才社会需求与专业模式的差异

用人单位及毕业生与专业培养模式的差异主要存在于以下几个方面。

（一）就知识结构而言，双方对计算机和外语等基本技能认知差异较大

学生认为计算机和外语等基本技能重要程度很高，而用人单位认

为此项技能的重要程度并非太高，主要是因为许多高校将计算机二级、大学英语四级作为顺利毕业的硬性指标。

（二）就学科专业知识结构而言，差异最为明显的指标为市场营销类知识、金融投资类知识、国际贸易类知识

学生认为营销、金融、国贸方面的知识更为重要，而用人单位更注重的是埋论基础知识，分析认为在用人单位强调实践知识的情况下，毕业生不重视理论知识。

（三）就能力结构而言，学生倾向于对学习能力的培养

用人单位更需要创新能力强的人才，造成这种差异的原因主要在于学生习惯于在校园环境中被动地学习书本上的知识，而用人单位更希望雇用富有创新力的人才。

（四）就个性品质而言，高校毕业生认为情商水平最为重要

用人单位更看重诚实守信个性品质，分析来看主要是因为用人单位认为诚实守信是最为基础的个性品质，只有做到诚实守信才能去更好地完善其他品质。

（五）就培养方式而言，通过调查反映出的问题是，高校培养模式主要以课堂教学为主

课内课外互动实践环节较为薄弱，产学合作依然不足，综合来看，受中国传统教学模式影响，以及校内校外环境差异，是毕业生与用人单位对社会需求认知存在差异的主要原因。

第二节　能力结构均衡发展的课程体系构建研究

一、能力结构均衡发展的课程体系改革的核心内容

通过本次调查可以看出，用人单位对大学生能力需求主要体现在个人特质和通用能力方面，对专业能力要求不是很严格。而我国目前的课程体系仍以专业教育为主，虽然 21 世纪初我国课程体系提出了“厚基础、宽口径、多模块”的改革目标，但专业教育仍占课程体系的绝大部分，以通识教育为基础的深厚专业理论和可供广泛迁移的知识平台构筑不够，以终身学习能力和职业转换的适应能力等为重心的应用能力培养，仍面临着十分艰巨的任务。相当比重的院校在教育教学价值取向、教育教学目标、课程设置、培养过程、教学监控与评价等方面存在种种问题，教育教学内容与社会实际状况差别颇大，学生在“象牙塔”里生活、学习，人才培养规格与社会需求有脱节现象。

课程体系改革的核心是要将传统的专业人才教育转变成大学生能力的全面培养，实现通识教育与专业教育的有机结合。在通识课程体系中引入学科交叉，体现文理渗透和工管交叉，设置人文科学、自然科学、技术科学类课程；在专业教育方面，对专业课程进行精简、整合，专业课程按一级学科设置，并设置跨学科课程，冲破学科专业的壁垒，增加学生的知识面，构筑可供广泛迁移的知识平台。为突出专业核心能力的培养，可增加专业选修课程，给学生个性发展的空间和满足未来多元选择的就业需要，以满足人才的个性化发展，增强就业竞争力。设置

独立的实践课程、实践环节，增加实践内容和学时比例，有利于学生对理论知识的掌握和吸收，变被动学习为主动学习，提高学生的实际操作能力和独立思考能力。

二、能力结构均衡发展的课程体系的构成

传统的本科人才培养往往偏重于基础知识教育和艰深的理论传授，忽略了学生应用能力和综合素质的培养。而能力结构均衡发展要求我们必须围绕知识、能力、素质等 3 个方面的协调发展来构造人才培养方案，为此我们应建立以提高基础理论、基础知识为目标的理论教学体系，以提高基本技能与专业技术为目标的实践教学体系和以提高综合能力和学科拓展为目标的素质培养体系。以此既相对独立又内在统一的三大体系作为主体框架，构建较为完整、系统和科学的本科人才培养体系。

(一) 理论课程体系

该体系按纵向层次构建公共基础、学科基础、专业课程和学科拓展课程等 4 个平台，每个平台中不仅含相应的模块化课程组，而且含必修和选修(限选、任选)两类课程，它既对培养学生的知识、能力、素质做了严格的课程要求，又为学生提供了较为宽松的、能按照个人兴趣和爱好自由发挥的空间。

1. 公共基础平台

含人文社会科学基础课、自然科学基础课、工具基础课以及必需的公共教育环节。

2. 学科基础平台

与专业基础理论、专业知识、技能直接联系的本学科和相邻学科的

基础课，它是学习专业课的先修课程。该平台的设置为学生提供了较为宽厚的专业基础，有利于学生的专业学习，以适应社会发展需要，它包括与专业相关的相邻学科课程模块、本学科基础和专业主干课程模块。

3. 专业课程平台

涵盖专业人才培养目标要求掌握的专业课程和专业知识，以及为加深某专业方向或职业特色的课程组，包括专业限选、任选课、职业证书培训等相关课程。这类课程是直接给学生提供与未来社会生活和职业有密切关系的知识和技能。

4. 学科拓展平台

主要是为满足学生跨学科学习需要而开设的学科交叉、文理渗透的课程和学科综合性课程。

这四大平台课程的学分分别占总学分的比例建议为：公共基础平台 30%～35%，学科基础平台 25%～42%，专业课程平台 8%～10%，学科拓展平台 5%。

（二）实践教学体系

现代大学教学不仅是理论教学，而应是理论教学、实践教学和科学研究“三位一体”构筑的。实践教学不是理论教学的附属品，不是为验证理论而存在。从培养应用型人才的能力和创新精神来看，实践教学比理论教学更为有效，因此把原来依附于理论教学的实验课和各种实践教学单列出来，按学科的性质、特点和培养目标重新进行编排组织，根据实践教学自身的规律构建一个由浅入深、循序渐进、有层次的实践教学体系，使学生获得较为系统的基本技能和专业技术训练。该体系包括基础训练、技能训练、能力训练等 3 个平台。

1. 基础训练平台

由公共实践课程、基础实践课和认识实习等组成。由于学生在中学阶段很少进行系统的实验、实践训练，对实验课的课题缺乏基本的了解，也没有正确的学习方法。这个阶段教师讲得多，讲得细，并有一定数量的操作演示。目的是使学生能够掌握认识研究客观事物的一般方法和熟悉实验的基本方法，能够正确使用测试仪器，训练基本测试能力，能写出较规范的实验(科学)报告。这些都是易被专业教师所忽略，不被学生所重视，但却是学生有无基本科学素养的最基本体现，因此不能忽视。在这个阶段教师应进行严格、正规的基本方法训练，使学生能尽快入门。

2. 技能训练平台

含专业实验、课程设计(实习)、生产实习和专项实践(含职业证书技能训练)等。学生在上一阶段已掌握实验基本知识和基本方法之后，就可在教师的指导下独立进行实验操作，锻炼自己的基本技能，在这个阶段应改变原实验教学讲得过深、透、细、全的做法，提倡教师精讲，学生多思考，多讨论，多动手，变被动实验为主动参与实验，培养学生的自学能力。

3. 能力训练平台

含毕业论文(设计)、毕业实习等。这是大学实践培养的最高阶段，以培养学生分析问题、解决问题能力为主，在老师的启发下，由学生自己设计实验、实践方案，自行确定实验、实践步骤、选择仪器及各种工具，在实际运行中查阅资料，相互讨论，探索和解决实际问题，要让学生学会选题和实验方法(运作方案)的拟定，对实验结果可出现的意外情况和误差进行预测，并做出规范的论文报告。实践教学内容及层次体系(见表 6－1)。

表 6－1　实践教学内容及层次体系

内容	第一层次基础训练	第二层次技能训练	第三层次能力训练
实验	计算机训练，语言听说能力训练，基础性的物理、电工电子实验（含验证性、演示性实验）	专业性的操作性、综合性实验	设计性实验
实习实践	军训、公益劳动、体育训练、认知实习、参观性课程实习	生产实习、社会实践、操作性实习、综合性、专题性实习	毕业实习
设计	课程大作业、习题练习	课程设计、计算机应用	毕业设计（论文）
教学目标	巩固课堂教学知识、掌握认识问题和科学研究的基本方法	基本技能的训练和掌握计算机应用能力培养	独立分析、解决问题的能力培养，文字表达能力培养
教学特点	以教师为主	教师辅导，学生为主	学生为主体，教师作启发

（三）素质培养体系

素质培养体系包括学科专业拓展和综合能力训练两个平台。学科专业拓展平台注重文、理、工、经、管、法等学科的相互渗透，学校应开设一些综合性和跨专业学科的课程，大量设置选修课，突出学生个性培养，使学生在学习本专业知识的同时，具备专业以外的人文、社会科学、自然科学的基本知识和基本素养。

综合能力训练平台主要通过形式多样的课余活动来进行。可以结合专业特点，与科研工作结合，推进大学生科研活动的实施，培养学生的科学素养，可以通过参加数模、电子、英语以及富有专业特点的各类竞赛、大赛，来提高学生的专业应用能力和技术开发能力；还可以与学生社团活动相结合，通过组织学生参加科学、技术、文化、艺术、体育等活动，提高学生的社会交往能力、管理工作能力、团队合作精神等。

为了让每一位学生在学科专业教育上得到拓展、延伸，在综合能力上得到提高锻炼，应将素质培养体系中的一些项目、活动像“劳动”“创业”一样采取学分认证制，纳入教学计划中，使之带有一定强制必修的意义，学生只有参加了相应的活动，并取得学分才能毕业。这样既推动了学生课外科技活动与课内教学相结合，又规范和加强了课外教育的管理。

(四) 能力均衡发展的人才培养体系构架及学分分配

四年制本科教育总学分控制在 170～180 学分，其中理工类 180 学分、文理兼收类 175 学分、文科类 170 学分。为了保证应用型人才培养，实践教学体系的学分数为：理工类≥总学分的 25%。总学分15%≤文理兼收类≤总学分的 25%。文科类≥总学分的 15%(见图 6－1)。

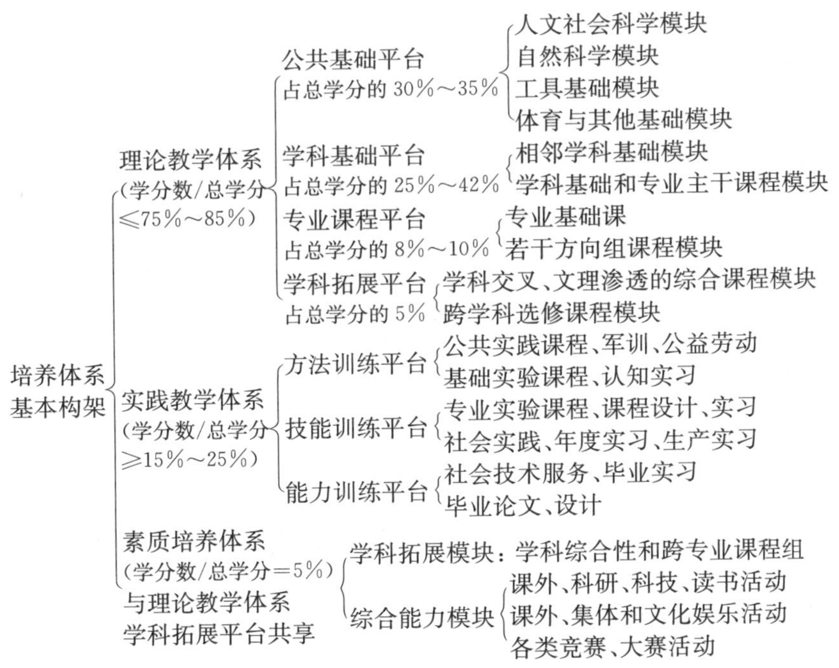

图 6－1　能力均衡发展的人才培养体系构架图及学分分配

第三节　能力结构均衡发展的教学方法改革研究

一、能力结构均衡发展的教学方式方法改革的核心内容

传统的课堂教学是以教师为主体，注重知识传授。这种教学方式在能力培养上难有建树。教学方式方法改革要以学生为主体，通过学生自主、自觉的学习和参与各种活动，达到能力培养的目的，具体分为三个方面：

一是在理论教学上，积极探索启发式、探究式、讨论式、参与式教学，充分调动学生学习积极性，激励学生自主学习。促进科研与教学互动，及时把科研成果转化为教学内容。支持本科生参与科研活动，早进课题、早进实验室、早进团队，通过参与课题研究，培养学生发现问题、分析问题、解决问题，以及完成任务的能力。

二是开展自主性学习活动。当代大学生个性明显，需求不同，不能采取千篇一律的培养模式。应遵循因材施教、分层培养的理念，根据学生的兴趣和爱好，发挥学生的主观能动性，培养学生的责任感、锻炼学生的组织能力，让学生唱主角，开展形式多样的个性化、自主性的学习活动。如大学生创新项目、论文大赛、案例分析大赛、营销大赛、假期社会调查、社会实践等，将学生“要我学”变为“我要学”。

三是改革考核方式。传统以分数衡量水平的考核模式很难达到能力培养的目标，能力培养需要探讨新的考核方式。教师可采用不同形式考核学生的学习效果，以培养学生良好的学习方式。探索实施以课堂小组模拟对抗、课堂贡献、模拟操作阶段成绩考核、业务分析报告等

多种形式反映学生灵活运用知识及实际操作的能力。即使是闭卷考试，试题形式也多采用原理应用、案例分析等试题，评分时，只设评分原则，不设标准答案，只要学生分析过程正确，分析结论与原理或案例背景相符，即可得分，有创新点和独特性见解的，还可加分。

二、能力结构均衡发展的教学改革措施研究

（一）增加更多应用能力培养模块

当下的企业管理专业教学已由传统的“主教”转为“主学”，即重点从教师进行传统教授上转变成以学生为中心的主动学习与主动挖掘难点。但是还缺少下一步的实施，即学生应学会将理论知识同实践相结合，并将其转化成应用能力，将这种能力投入工作中去。这是高校在应用型教学改革中的重点方向，应加大对学生应用能力的培养力度，提供更多同专业相符的实践平台，如举办专业竞赛、训练项目，建立实习基地等方式，将应用理念贯穿于教学的全过程。

（二）促进产学研的结合，培养学生综合能力

高校培养人才的主要目标是培养学术型科研人才，到了后来高校的任务以教学为主。如今，学界主流倡导高校应促进产学研结合，这是进行应用型本科教学改革的重要途径之一，不过目前暂时还未有较完善的方法论体系。加强学生的学术水平的确重要，专业理论知识基础必须打好。但是，又不能只在校内学习课本知识，学生的知识必须拥有“走出去”的途径。高校应该提供给学生理论结合实践的机会，如提供课外实习、课外实践的机会来培养学生的应用能力和实践能力。同时，高校也应该提供多种平台，让学生对课本理论进行创新，培养其创新思维与发散性思维。针对企业管理专业而言，学校应着重强调其管理学

的基础理论知识的学习和企业管理经验的实践积累相结合，也可使用“以赛代教”等创新方式鼓励学生参与各项专业比赛，如创新创业大赛、模拟谈判大赛、市场营销大赛、财务审计风险策划大赛等，将参加各项比赛纳入师生的综合测评体系，同学生管理的奖励制度挂钩，使改革将教学、生产以及科研三者有机结合，从而更有效地培养学生的综合能力。

（三）完善案例教学与实验教学

目前针对教学方法，学界有提出诸如案例法和实验法等方法的观点，虽有较多高校尝试，但大多不够完善。因此，各高校在教学改革中应注重进一步完善案例教学与实验教学。现阶段，实验教学法已是经济管理专业的重要教学方法之一，这种方法有利于加强对本科生的素质教育，培育学生的创新思维与发散思维，同时可以提高学生操作相关软件的能力以及将理论知识应用于实践的能力。比起传统的教师在讲台上讲、学生在下面听的模式有着显而易见的优势，主要表现在学生对理论知识的吸收效果和应用于实际能力的培养上，其效果课堂教学是无法与之相媲美的。而案例法可将抽象的管理学知识具象化，让学生在案例中发现问题并解决问题，在课堂中模拟工作场合，以职场视角去解决相关问题。因此，要加大实验法和案例法在传统课堂教学上的比重，形成完善规范的教学模式，从而将其能够运用到工商企业管理的实际教学工作中，进而培养更多的应用型经济管理人才，最终达到应用型本科教学改革的目的。

综上所述，本科教学应当时刻把握时代的脉搏，与时俱进地进行教学改革，培养应用型人才，追踪社会需求。尤其关注诸如工商企业管理这种应用型导向的专业，设计针对性教学改革体系，将应用型本科教学改革作为出发点，在现有环境与基础上进行创新，探索新的模式与体系，并对改革方案进行小规模试点，逐步扩大到全面应用。本科教学工作者应当将培养应用型人才的观念注入教学理念中去，以培养应用型人才为己任，满足社会的需求。

三、实施能力结构均衡发展的人才培养模式的保障措施

能力结构均衡发展的人才培养模式的构建是一个宏伟的系统工程，要拿出一个全面、系统的方案是很困难的。而只能在正确的教育科学思想指导下，在具体的教学实践中进行不断的探索和改革，才能逐步构建出适合我校自身情况、有特色的应用型本科人才培养模式。

（一）实施“大类培养，分级教育，方向分流”的人才培养途径

1. 专业(方向)招生

可满足考生根据自己的特长、爱好或想法就读自己愿读的专业。可适应家长根据自己的能力，协助子女选择发展方向和就业去向，从而使学校有较好的生源基础。

2. 大类培养

按学科大类安排基础课程教学，不仅使学生具有适应今后社会发展变化宽广而厚实的基础知识和基本技能，而且还有利于教学运行的组织和安排。

3. 分级教学

根据学生基础知识和能力差异，适应不同层次学生学习要求，对同课程进行不同要求的分班教学，以使学生得到充分发展。特别是以工具性、技能性作为主要培养目标的课程，更应实行分级教学，使技能差的学生能够得到提高，技能较强的学生能够上一个层次。力争做到在

相同的学分学时内使学校20%～30%的学生在外语、计算机方面有较强的能力。例如，计算机基础课，也可以实行分级教学；大学英语还可进一步分成三个层次或四个层次教学。

4. 方向分流

在同一学科知识大背景的前提下，设置数个与就业较一致的专业方向组，让学生根据兴趣、爱好和今后就业走向选择其中一个专业方向，得到进一步专门化培养和训练，以利于面向社会实际，胜任具体行业工作。

（二）课程教学坚持以应用型教育为主，适当兼顾普通本科教育

高校招生生源中来自较高层次的比例逐年增大，基础好、肯钻研、能力强、愿进入更高层次继续深造的学生越来越多，因此，高校有责任为这些学生实现愿望创造条件，在教学中为其搭建适当的平台，满足他们的要求，通过他们的奋斗也能带动其他学生，使学校的良好学风日盛。由于这批学生落实到各专业，人数就不算多，要专门搭建教学平台是较难实现的，运行起来也很困难，但如果我们在应用型人才培养的具体课程教学过程中适当兼顾普通本科教育的目标和要求，采取课程优秀生培养方式，就可以顺利解决此问题。比如，在专业学位课程（可增减）的教学中对部分学生（15%～20%）在教学深度、知识广度、教学参考文献阅读、作业要求，乃至考试方面给予辅导，从而就满足了这批学生的愿望和要求，也就尤需将考研列入分流培养之中了，今后这批学生若考上研究生，他们不仅具有与普通高校学生同样的基础理论知识，能胜任今后的学习，而且还有较强的应用型人才具备的能力、素质，更能胜任科学研究工作。若考不上研究生，也不影响他们适应社会需求顺利上岗就业，而深厚的理论基础知识能促进他们早日成才，取得较好

业绩。

(三) 扩大选修课范围，进一步加强复合型人才培养

增设选修课，为学生提供跨学科选课、辅修、双专业、双证乃至多证等多种教育形式，为复合型人才培养打下较好基础。但目前社会对复合型人才的要求并非对专业学科以外知识的了解掌握，停留在科普、概论的层面，而是需要对其他学科的知识有系统了解和掌握。目前，对复合型工程技术人员知识结构的要求是，学科专业＋管理＋经济＋法律，且还必须具有一定的外语和计算机能力，而目前我们开设的选修课是达不到这种要求的。为此，可将各系、专业开出的课程都纳入学生选修课范围，允许学有余力的学生选修学习，使他们能较系统地学习几门其他专业的基础课程，掌握基本知识(特别是经济、管理类课程)，使复合型人才的培养更进一步。

(四) 加强"双师型"教师队伍建设，提高教师应用型教学能力

一个好的办学思路，一个较为完善的培养方案，一种适应当前经济发展和社会进步需要的培养模式离不开一支优秀的师资队伍。而建设一支适应应用型人才培养的"双师型"为主的教师队伍是应用型人才培养的重要保证。因此尽快制定"双师型"师资队伍建设规划，加大"双师型"教师队伍建设力度是十分必要的，具体而言，可以引进既有理论功底又具有丰富实践经验，并掌握最新应用技术的"双师型"人才，还可以安排年轻专职教师参加实验、实践教学，提高理论联系实际和动手的能力，每年安排他们到企事业单位的生产、服务一线进行必要的实践，参与具体项目工作或开发，进一步加深他们对社会、行业发展变化的了解和提高解决实际问题的能力。

第四节 能力结构均衡发展的实践教学体系构建研究

一、能力结构均衡发展的实践教学体系构建的核心内容

相对于理论教学密集的课堂而言，实践教学更有利于大学生能力的形成。因此，强化实践教学环节有助于理论教学的进一步扩展和知识的深入转化，能够培养学生独立思考、勇于探索、大胆创新的科学精神，是培养大学生能力的重要途径。

我国自21世纪初提出发展应用型人才以来，实践教学不断增强、应用型人才培养改革试点日渐增多，多样化应用型人才培养模式探索也日趋活跃。一般来讲，学校实践教学包括两个部分：一是课堂教学，主要是按照专业课程的教学内容由浅入深地对学生所学的理论、原理、知识、技能等进行实际训练，如实验操作、课堂模拟表演、课上或课后作业、课堂与课后的技术操作等；二是以实践活动为主要内容而设置的实践课程，即以社会生活为依托，对学生的技能、技巧、操作能力等进行实地训练，如工业见习、野外考察、教育实习、工程技术设计、临摹写生或者创作作品等。

在现有实践教学环节存在两个共性问题：一是校内实践教学有待于进一步充实加强。许多院校对有效提升学生实践能力的实践教学重视不够，普遍存在着重课堂讲授，轻社会实践；理论教学组织严格有序，实践教学管理则相对松散混乱，有的甚至流于形式。学生在学习态度方面，也更多重视课堂学习，轻视实践锻炼。二是学校与社会的联系互动仍旧不够，存在着教学与企业实践一定程度相脱节，教师的社会实践

经验不够，学生的实践方式及其效果有待进一步强化等问题。

针对上述问题，我们认为强化实践教学环节的核心是通过建立“学校与企业”“教与学”两个层次的长效“联合互动”机制，增强企业和学生在能力培养中的主体地位，从而切实提高学生各方面能力和社会适应性，达到能力培养的目标。

强化实践教学环节关键是制定严密有序的制度和有组织的实习安排，着力在人才培养的实践能力培养环节做出机制性建构，力图实现实践教学的课内外、校内外，乃至一定程度国内外的实践教学体系构建和完善，实现校外资源校内化(引入 CEO 进课堂，企业参与培养方案制订等)，校内资源社会化(知识服务、教师践习及服务等)，校内实践实训多元化，校内外实习“双师”管理制度化，学生自主实践常态化，最终实现学生培养社会化。为全面培养大学生能力提供体制性、制度性和机制性保障。

同时，还要根据不同学生的特点和需求，开展多种能力培养模式，如“工学交替”“订单培养”“项目加基地”“两基三段式”等多种实践教学模式。通过开展形式多样、内容丰富的多样化及综合化的实践教学活动，发挥学生的主观能动性和积极性。

二、能力结构均衡发展的实践教学体系建构原则

实践教学体系建构工作是一项复杂的系统工程，既要遵循规律，也要把握好原则。概括起来，应遵循以下基本原则。

(一) 以学生为本原则

学生既是实践育人的对象，也是开展实践活动的主体，是实践育人和实践教学改革的出发点和落脚点。所以，实践教学体系的设计和建

构要围绕学生的成长和发展，在教学平台构筑、模式转换、内容安排、方式变革等方面最大限度满足学生的需要。要特别注意发挥学生在实践教学活动中的主体作用，建立和完善激励制度，构建激励机制，激发学生参与实践的自觉性、积极性，尤其是注意支持和引导班级、社团等学生组织自主开展社会实践活动，发挥学生在实践育人中的自我教育、自我管理、自我服务作用。

（二）德育为先、能力为主原则

坚持德育为先，就是要在实践教学活动过程中注意健全人格的培养，贯彻感恩教育、文明礼仪教育和遵纪守法教育等品格教育，将德育教育与实践活动有机统一起来。坚持能力为主，就是在实践教育过程中不仅要注重专业技能的培养，更要注重综合实践能力的提升。在提高学生道德品质和综合质素养的基础上，不断改善学生的能力结构。

（三）因材施教、分类培养原则

在教学组织实施过程中，努力做到统一性教育和差别化培养兼顾，共性发展与个性成长结合。既要注意专业教育的统一性，更要重视人才成长的差别性。要特别注意学生的个性成长要求和自主选择诉求，重视满足学生的多元发展需要。通过建立多元化实践平台，实施多样化组织，在认知能力提升、专业技能塑造、科研潜力激发、动手能力增强等方面，实施多环节、多形式、多层次、多平台教育。

（四）全程性原则

能力形成的循序性和人才培养的渐进性，要求培养过程的完整性、全程性。因此，要遵循能力养成规律，根据不同年级学生的心理特点和认知水平，按照始于感性、成于理性、行动实践的认知发展路径，构建全程衔接、梯度递进、分步实施的，贯穿于大学四年学习全过程的，具有全程性、全员性特点的实践教学体系。

（五）目标性原则

实践教学体系的目标，要紧紧围绕专业人才培养目标和人才培养规格。但由于新建地方本科院校经管类专业的人才培养具有就业口径宽、实践性和应用性强等鲜明特点，因此，通过体系建设，强化实践教学，从而有效提升实践能力，就成为适应人才培养要求，进而实现专业培养目标的必然选择。在实践能力提升目标实现过程中，始终要注意地方经济与社会发展对人才的能力和结构的需求变化，通过构建既符合时代要求，又具有代际特征，更符合经管类专业人才需求特点的实践教学体系，实现实践能力提升和能力结构优化目标。

（六）系统性原则

实践教学体系作为相对完整的教学体系，具有相对独立性。然而，要注意用系统性思维和整体优化思想指导教学体系建设，力戒在建设、实施过程中可能存在的孤立性、片面性。一方面，要注意加强实践教学各环节间的内在联系和有机结合；另一方面，要注意强化实践教学环节与理论教学环节的内在联系和有机结合。要积极探索理论教学和实践教学协整推进、统筹发展的渗透互动机制，建立集理论学习与实践操作、技能训练和素质教育、基本实践训练与学术能力提升、一般社会实践和专业学科竞赛等有机统一、紧密结合的新型实践教学体系。

三、能力结构均衡发展的实践教学体系架构

实践教学体系的基本架构，主要包括实践教学目标体系、教学内容体系、教学保障体系和质量监控管理体系。

（一）以实践能力为中心的实践教学目标体系建构

1. 明确实践能力内涵，确立实践能力均衡发展目标

实践教学体系构建的目标，要围绕新建地方文科类本科院校的应用型人才培养定位，立足专业培养目标。然而，不同层级、不同类型的院校，不同层次、同一类型的专业，同一层次、同一类型的专业的办学条件和办学环境等不同，所以，应用型人才培养的目标定位又不尽相同。主要表现在人才培养的层次定位、能力结构定位、人才的个性特点定位等培养规格的区别。所以，应根据应用型人才培养的个性培养目标，立足专业建设条件和具体状况，强化实践特点，凸显培养特色。对于经管类专业来讲，尤其要注意学生的就业口径宽、实践性和应用性强的特点，着眼于学生的动手能力增强、专业技能发展和健全人格塑造，以切实提升学生的实践能力。

然而，实践能力本身是一个内涵十分丰富又具有鲜明时空特点的“分析性”概念，它不仅具有层次性、梯度性、递进性，也具有鲜明的时代性和专用性。

从层次性、梯度性和递进性等实践能力的结构特征角度，可以将实践能力划分为一般实践能力、专业实践能力和综合实践能力。

一般实践能力，主要是指适应当前和未来职业生存和发展所必须掌握的基本实践能力，包括独立生活能力、沟通交往能力、语言表达能力以及统计、计算机、外语运用能力等。一般实践能力是实践能力结构

中的基本实践能力。

专业实践能力，主要是指胜任岗位要求所必须具备的专业技能。对于应用型文科类本科院校的经管类专业的学生来讲，需要具备与未来完成与经营管理等实践活动相关的，主要是适合于生产性和服务性岗位所需要的专业技术能力。专业实践能力是实践能力结构中的关键性能力。

综合实践能力，主要是指综合运用所学理论知识和获得的初步实践经验，分析解决较为复杂的问题，完成具有挑战性任务的能力。对于经管类专业的学生来讲，主要是指解决经济运行和管理实践中各种经济与管理问题的能力。它是融专业知识、生活体验与工作经验于一体的综合能力，是实践能力结构中的核心能力。

从实践能力的时代性、专用性角度，亦即从社会对人才成长的时代要求和职业发展的能力需求角度，又可以将一般实践能力、专业实践能力和综合实践能力归类为社会适应能力和职业发展能力两种能力。

社会适应能力，是指个体为更好地生存而进行的心理、生理及行为等方面的适应性调节，与社会达到和谐状态的协调能力。具体表现为，以思想品格为基础的、与情商水平高度相关的沟通能力、学习能力、表达能力、合作意识、吃苦精神、团队精神等与交往、处世相关的能力。它本质上是一种非智力能力，是个体安身立业的基本实践能力，是一切实践能力的基础。在人才成长过程中，社会适应力起到基础性作用，在很大程度上影响到人才的成才程度和能力发挥程度。需要注意的是，社会适应能力，是基于对社会体制、制度和机制背景的认知，基于对正式、非正式制度或显性、隐性规则等所谓“国情”的把握，基于对生活智慧积累和人生哲理的感知能力。它主要是在实践活动过程中感知并获得的能力。

职业发展能力，是以专业知识、专业技能和工作经验为基础的职业生存能力、竞争能力和成长能力。它是以社会适应能力为依托，以责任意识、敬业精神为基础，融通识教育知识、学科专业理论基础知识、专业实践技能和职业经验等为一体的综合实践能力。与时代要求相适应的专业知识、专业技能和职业经验等专业实践技能是职业发展能力的核心。职业发展能力一般由跨职业专业能力、专业知识储备及综合归纳能力、方法运用能力等所构成。

社会适应能力和职业发展能力相辅相成，不可偏颇。然而，长期以来，在应试教育体制的惯性作用下，在经管类人才培养方面存在两个相互关联的问题：

（1）对人才职业发展能力的基础培养不够

具体表现为，经管类专业的理论研究与经济社会改革发展要求不完全适应，教学内容与经济建设实践相脱节，学生的知识结构与职业发展要求存在距离，人才培养规格与职业岗位需要不够吻合。其发生机制及问题的本质是体制转轨和制度过渡时期理论研究和教育教学的“国际化”与“本土化”的关系处理问题。

（2）学生的社会适应能力严重缺失

用人单位对学生的学习能力、团队意识等的评价不高，特别是对沟通能力、表达能力等社会适应能力指标的满意度较低，其产生原因，应该说与重应试、轻能力，重说教、轻实践的应试教育体制和教育教学方式有很大的关系。这说明，经管类专业的教育教学既要注意理论研究的“国情”结合问题，也要注意课堂教学内容的“本土化”改革问题；既要重视职业技能塑造，更要注重社会适应力培养；既要立足实践能力水平提升，更要着眼于能力结构改善。而“实际生活是我们的指南针”“行是知之始，知是行之成”。实践活动，是教育活动的本质内容，是解决上述问题的最主要路径。通过实践，实施聚焦于上述问题的教育教学管理体制和运行机制改革，尤其是通过建构基于能力提升、能力结构均衡发展目标的实践教学体系，就成为教育教学改革的必然选择。

2. 以能力提升和结构改善为目标，确立实践教学目标体系

实践教学的目标体系是实践教学体系构建的基础。按照教育教学进程和人才成长规律，按照实践能力结构均衡发展的目标要求，按照目标达成对目标体系内在的结构要求，可以将能力结构均衡发展目标在大学教育时期的基本实现路径具体分解为基本素质教育目标、专业理论认知目标、专业技能操作目标和专业技能适应力目标。

基本素质教育目标，就是以德育教育为核心，把包括品格培养、处世与做事能力培养等健全人格塑造与基本技能训练结合起来。通过德育教育平台、通识课程教育平台、COE 系列讲座课程、意志力训练等形式，加强学生的思想道德素养，提高学生的计算机应用、外语应用、统计分析等能力，一方面增强学生的做事技能；另一方面塑造学生健全的人格。

专业理论认知目标，就是将理论学习与实践教学结合起来，将专业知识认知平台与社会见习实践、学科竞赛、国际交流与合作、社团活动等实践教学平台结合起来。通过实践锻炼，增强学生对专业知识的学习兴趣，加深对专业知识的理解。

专业技能操作目标，就是将专业技能训练与生产建设实践联系起来，将校内实验和实训教学、学术能力训练、创新创业训练、国际交流与合作等平台训练与专业实习实践、学生自主性专业实践、校企合作等实践实习活动联系起来，加深对所学知识的理性认识，验证训练效果，提高专业操作技能，提升学生的岗位适应能力。

专业技能适应力目标，就是将经济社会建设实践的复杂性与专业

知识、技能运用的综合性联系起来。通过毕业实习实践、毕业论文写作训练、创新创业项目训练等综合性实践教学训练，实施送出去锻炼、请进来教学的“校企”和“校社”双向互动教育模式，强化学生专业知识、技能与跨学科知识、技能的灵活性、综合性运用，检验、锻炼、培养和提升学生的专业技能综合运用能力和社会适应能力。

上述以能力均衡发展为导向的目标体系构建，从基本素养到专业认知，从专业技能到社会适应，逐步推进，协整发展，具有一定的按年级和认知程度来看的层次性。但是，由于学生认知发展的个体差异和能力形成的年级间的不平衡，所以，总体上看，计划内的实践实习安排具有层次性和递进性，其他多样化的实践活动具有跨年级的交叉性。

（二）依据改革原则和目标，确定教学内容体系

实践教学的内容，是实践教学体系构建原则和目标体系的实现载体。根据能力结构均衡发展目标，依据新建地方文科类本科院校应用型人才培养的定位要求，结合经管类专业人才培养特点，构筑多样化的实践教学平台，实施多元化的实践教学内容。

1. 构筑多样化的实践教学平台

整合校内外实践教学资源，构筑多样化实践教学平台。统筹力量，有效组织是关键。根据新建地方文科类院校的特点和经管类专业实践教学需要，实践教学的有效组织、实施可以考虑从五个方面平台的构筑入手。

（1）试验中心平台

试验中心平台建设的目的，是通过经济行为模拟训练，加强学生的模拟实践操作，提升实践认知水平，强化实践能力培养，扭转重“三基”、轻能力和素质训练的传统教风，实现“知识、能力和素质”协调发展。开

放式实训教学平台建设，应包括与开放式实训教学相适应的实验室体系建设、实训教学体系建设和实训教师队伍建设。

开放式教学型实验室体系建设应遵循“一体化、多层次、开放式”的建设思路，形成多层次、全方位开放的实验室建设体系。开放式实验教学体系建设，应建立开放性实验实训制度，由浅入深，由易到难，强化基础训练，开放实训环节，注重能力培养。实训队伍建设的主要内容，是组建以实验实训课程为中心的教学团队，优化队伍结构，不断开展实验实训课程改革研究，提升实训课程教学效果，并借此展开各类实训竞赛活动。

实验实训课程是实训教学平台建设的枢纽。实验课程建设应遵循“理论教学与实践教学并重，知识传授与能力提高并重，素质教育与专业培养并重”的原则，压缩人才培养方案中的理论授课学时，增加实践教学学时。要注意将实验学时比例较高、实验项目较多、系统性较强的课程分列实验，单独设置成一门实验课程。开设实验课或实验项目，并尽可能增加综合性、设计性、创新性的实验课程或实验项目。

(2) 校企互动平台

校企互动实践教学体制构建是校企深度实践教学合作的基础。校企互动式教学体制建立，主要包括校企合作实践教学指导委员会、校企双师型实践教学师资队伍、校企互动式教学内容和学生实践、实习、就业一体化等 4 个方面的内容。

① 校企“互动式”实践教学指导委员会。聘请行业专家、企业家或资深从业人员，与专业教学骨干或专业负责人共同组成实践教学指导委员会，是为了从企业、行业用工要求角度，参与专业人才培养方案的制订和调整，设置、调整实践实习计划。这些业内专家对企业和社会的人才需求情况非常了解，十分清楚实际工作中所需要的知识、能力和素

质要求。根据他们的意见制订出来的培养方案和教学计划，可以强化本科教学与社会需求之间的衔接。

② 校企“双师型”实践教学队伍。以校企学者、企业家和行业专家为核心，以行业和企业人力资源、市场营销、财务核算等部门负责人为主体，共同组成的实践教学队伍，一方面可以起到校外实践教学活动的组织保障作用；另一方面也可以使实践教学的内容安排得到保证，组织实施规范有序，将实践教学活动真正落到实处，防止流于形式。

③ 校企“互动式”实践教学内容。校企互动式的实践教学内容是丰富多样的，具体可以分为3个方面的内容：

a. 高层互动交流。一方面，引进CEO、部门高管等进课堂，可以现身说法，弥补课堂教学偏重于说教之缺憾；另一方面，学者、专家深入社会生产第一线，以发挥高校智力资源优势。

b. 校企横向合作研究和青年教师践习计划。一方面，制订鼓励性的校企横向项目研究方案；另一方面，激励青年教师到生产一线实践锻炼，如以“高校青年教师践习计划”为契机，有计划安排青年教师到生产一线践习锻炼，以提高教师的业务能力和职业素质，培养“双师型”教师。

c. 按照实践教学计划推行实践实习活动，鼓励企业以项目、教师以课题方式实施的学生实践实习计划，如市场调查、创新项目等教学活动。

④ 构建实践、实习、就业一体化平台。一切实践教学活动都是以能力为重心，以就业为导向的。良好的校外实践教学活动，不仅可以锻炼学生的实践能力，也能为学生开拓就业渠道，同时便于企业在实践实习的学生中遴选适用性人才，满足岗位补充、职工队伍更迭和素质提高的需要。在校企间良好互动机制的基础上，不仅可以建立起校企间互

动式的能力训练系统，也可以在学生的职业生涯规划设计、就业咨询、应聘面试技巧等方面得到企业的支持，更主要的是能够有效开拓就业渠道，拓展就业空间，搭建校企间人才培养、实践实习和就业的一体化平台。

（3）学术研究能力训练平台

学术研究能力是大学生的一种基本实践能力。无论是“985”与“211”类高校、一般本科院校还是新建地方本科院校，提高学术水平、培养学术能力都是人才培养的内在要求和应有内涵之一。

学术研究能力一般表现为发现问题、分析问题和解决问题的能力，其高级表现形式是学术写作能力。所以，按照因材施教、分类培养的原则，开展以学生为主体、教师为主导，以问题为导向、以学术活动为载体的多形式的学术实践活动，就是提升学生学术实践能力的重要方面。对于将来身处经济建设第一线的经管类学生来说，学术实践活动显得尤为重要。

通过教授讲座、骨干教师与学生交流对话的引导性组织方式，激励具有学术潜质和研究能力的学生，开展以学术生涯规划为基本内容的规划教育。引导学生认清自身优势与不足，帮助他们根据自身兴趣爱好、能力特点和发展愿景确立研究主题，进行学术训练，是基础性学术训练组织方式。在学术组织机构设立、学术评鉴机制形成的基础上，通过系统化组织，如组织发动、择优评奖、优秀作品结集出版、优秀论文推荐发表、媒体宣传等引导—组织—激励一体化模式，促使品牌化学术活动的形成。以学校学科专业布局和发展状况为依托，采取教师学术指导小组与学生社团自主活动相结合的模式，开展以品牌化、主题性学术活动为核心，以拓展性学术活动为补充的系列化、常态化学术实践活动，丰富学生的学术实践活动内容，最大限度调动学生从事学术活动的积极性。采用以老带新,老生示范、新生学习模仿的方式,保持学术活动的活力,拓展延续空间。如在法学类文科新建地方本科院校的经管类专业,可以组织学生开展常态化的法与经济学术论文大赛、经济与管理案例分析大赛、市场营销大赛等活动。学术实践教学活动的开展,应当注意活动的参与面、影响力,特别要注意学术成果出版发表的引领、带动效应,努力形成品牌效应。

学术研究能力培养对开阔学生的眼界、提升思辨能力、带动专业学习、改善学风、拓展综合素质等,均具有重要作用。

(4) 学科竞赛平台

大学生学科竞赛是大学生综合运用所学知识和已有经验,围绕竞赛主题创造性的进行具有自主性、竞争性的竞赛活动。它是一种特殊的创新实践活动,具有一般实践教学活动所不具有的创新教育功能。主要考察学生掌握知识的熟练性,知识和经验综合运用的灵活性,以及判断的敏捷性、思维的创造性、视野的开阔性、决断的果敢性、意志力的坚韧性、团队的合作性。其最大的特点,是竞争的激烈性、过程的紧张性和竞赛结果的不可预见性。学科竞赛对学生创新精神的发掘、人文精神的培养、实践能力提升,具有独特的不可替代性作用。

创新实践体系建设和大学生科研团队的塑造,是学科竞赛平台构建的基础。对于新建地方文科类本科院校来说,创新实践体系建设的主要内容,是创设融创新实践基地、第二课堂培训、大学生科研团队活动、创新创业训练、学术讲座等为一体的综合性训练系统。其中,在创新实践实训基础上形成的多学科竞赛项目,以及由此组成的各类型竞赛体系,是创新实践体系的核心。大学生科研团队活动,包括大学生创新项目、论文比赛等是基础性训练项目,学术讲座、创新创业训练项目是重要补充,而创新实践的组织和支持系统,尤其是创新学分的确立则是关键。

(5) 社会实践平台

大学生社会实践是大学生利用课余时间,以提高自身素质为目的,以了解社会、服务社会为主要内容的体验性活动。它属于拓展性实践教学活动,是实践教学体系的有机组成部分。

社会实践一般包括参与性实践和自主性实践两种方式。活动的具体形式多种多样,有以社团活动为平台,引导性的社会实践;有以主题活动为载体,参与性的社会实践;有以校内外资源为基础,拓展性的社会实践。具体内容也是丰富多样,主要有教育体验类、公益服务类、勤工助学类、扶贫支教类、考察调研类、就业创业类等。

各类社会实践活动的开展,对于大学生加深对专业知识的理解,深化社会认知、增强独立行动意识、提升行动能力、丰富成长阅历、提高综合素质,具有积极作用。

2. 实施多元化的教学内容

在多元化实践教学平台的基础上,创设并实施多元化的实践教学内容。内容的设立应立足基础条件扎实、内容丰富、方式灵活、组织严谨、考核科学的系统构建思想,在多元化的实践试验条件、课程、师资、教学形式和方式、组织指导、考核方式等方面做出富有成效的工作,努力形成方式和形式多样化、时间常态化、影响品牌化的实践教学内容。

(1) 多样化的实践实验条件

多元化的实践教学条件,主要包括校内的试验条件和校外的实践实习条件。校内的试验条件主要是具有综合性特点的实验室建设,具体包括宏观经济、试验经济学、统计分析、国际经济与贸易、ERP、模拟财税、创业管理等多元试验室和多元试验课程建设。校外实践实习条件，就是以多元实践教学基地为基础的校企、校社“互动式”的实践实习条件建设。其中，多元化的实习基地是实践教学的重要基础条件，主要应包括教学实践教学基地和德育实践教学基地两类。教学实践教学基地既要有物质生产领域的企业，也要有流通类和金融及服务类的企业，也可以有事业单位和政法机关。德育实践教学基地，既要有社会福利院、养老院等福利养老单位，也要有特殊群体类辅助、拥军、支教等德育教育活动机构，如军民共建项目、农民工学校支教、帮教等德育教育载体。通过一系列校内外实践教学条件的建设，形成从道德品质熏陶，到社会认知、实践感悟的外在条件影响，为实现大学生实践能力结构优化创造物质基础条件。

(2) 多元化的课程

课程体系的建构，是实践教学体系构建的重要内容。课程体系建构要遵循“理论教学与实践教学并重、知识传授与能力提高并重、素质教育与专业培养并重”的原则。鉴于传统教学计划与教学安排中实践教学课程单薄、内容单一的问题，根据各经管类专业的具体状况，可以适度压缩理论授课学时，增加实践教学学时，这是强化实践教学的基本前提。课程体系可以分为两大类：一类是具有实训性质的课程，如国际贸易实务模拟课程、管理沙盘模拟课程和人力资源模拟课程，训练学生统计应用能力的经济统计软件应用课程，训练学生专业技能的国际贸易模拟课程、会计与财务模拟、证券投资模拟、保险业务模拟、商业银行模拟、电子商务模拟，训练学生管理理念及学生数据处理能力的经济学应用软件等课程；另一类是基于实践教学基地的 CEO 系列讲座课程，人力资源和财务总监等企业高管专题课程。在实验实训课程建设中，要鼓励将实验学时比例较高、实验项目较多、系统性较强的课程分列实验，单独设置。采取有效措施鼓励实验课或实验项目开展，并力求增加综合性、设计性、创新性的实验课程。

(3) 多元化的师资

多元化的师资，是指由包括校内外、国内外的“双师型”师资构成的实践教学队伍。在实验实训、实践实习、学生社团实践活动过程中，既要有校内一支稳定的带队指导教师队伍，也要有实习单位组织和管理的指导教师；既要有校内具有实践经历的一般老师，更要注意建设以企事业单位一般管理人员，尤其是 CEO 为主体的教学团队；既要有以校内高级职称教师为主组成的实践教学队伍，也要注意发掘并形成以校外兼职教授、客座教授所组成的较为稳定的实践教学力量。这样一来，就可以形成一支具有多元年龄结构、多元能力结构、多元行业背景、多种人生阅历、不同知识背景、不同人生体验、多角度看人生、多维度促成长的具有鲜明多元化特点的师资队伍。

(4) 多元化的组织形式

实践教学活动内容丰富，形式多样，主要包括四类：① 纳入教学计划的军事训练、认知实习、专业见习、毕业实习。② 由学生自主开展的实践活动，如证券投资模拟、模拟营销、读书沙龙、案例分析比赛等。③ 老师指导下实践活动，如大学生创新项目、社会调查、论文比赛、学科竞赛等。④ 在校外实习基地结合实习单位需求开展的诸如市场调研、品牌影响力调查等实践教学活动。

(5) 多元化的教学方式

针对不同的实践教学内容，可以采取不同的教学方式。对于实验实训课程，可采用仿真模拟与精讲多练的课堂教学结合的方式进行；对于学生自主实践活动项目，可采取“项目”式教学方式，重点做好立项审查、项目实施的指导和结项评审；对于校外开展的实践教学活动，可采取校内外双向组织、双师指导、两元管理的“互动式”教学方式。

（6）多元化的组织指导

实践教学活动的组织指导可分为三类：① 由校内实践教学教师组织并指导，如大学生创新项目、社会调查、论文比赛、学科竞赛等。② 由学生自主组织开展的实践活动，如模拟营销、读书沙龙、案例分析比赛等。③ 由校外实习单位组织、管理和指导，包括对学生的职业操守培训、职业技能指导、具体实践项目安排、综合考核等内容。

（7）多元化的考核方式

考核方式改革是教育教学改革的核心内容之一。考风的好坏关系到学风的好坏，学风的好坏又关乎校风的好坏。学业考核机制的设计、实施非常重要。好的考核机制可以有效激发学生的学习积极性。在实践教学效果考核方面同样需要针对以往失之于宽、失之于散的考核方式进行改革，重构考核机制，创设多元考核方式。实践教学考核机制的构建过程应当注意 5 个方面的问题：① 注重考核目标的分解和考核的阶段性。将实践教学目标进行细化分解，并建立各阶段量化的考核指标，定期分阶段考核实践教学成果。② 改革考核形式。探索并实施以课堂小组模拟对抗、课堂贡献、模拟操作阶段成绩、业务分析报告等试验课程考核，实施实践实习报告、学生自我评价和校内外实践教学带队教师双向评价机制，建立反映学生灵活运用知识及实际操作能力的研究报告、调查报告、创新项目等以考核小组为评价主体的综合评价机制。③ 强化教学过程的监控与督促。主要是建立校外学生实践实习自组织形式，以及带教老师和实习单位齐抓共管的常态化监控组织体制。④ 注意引入现代化手段进行考试考核。引进或建设具有分析统计功能的课程作业批阅系统，避免过程考核给教师带来的过重负担，调动教师参与考核方式改革的积极性。⑤ 吸收学生参与教学管理和教学改革。学生是教学质量的终端载体，对教学质量最有发言权。一方面，要建立通畅的信息搜集，尤其是信息反馈机制；另一方面，形成以学生为评价主体的对实践教学过程、教学效果及教学管理进行全方位的监督评价机制。科学的考核方式设立，常态化考核机制的形成，对调动教与学双方的积极性，提高实践教学活动效果，形成良性互动反馈机制至关重要。

四、能力结构均衡发展的实践教学监管和保障体系

为了确保实践教学活动正常有序开展，需要构筑多维结合的实践教学组织、管理和质量监控评价系统。

（一）管理体系构建

1. 分类实习管理

实践教学管理系统的建立是实践教学体系功能发挥的组织基础。在管理体系上，建立由学校职能部门、二级学院和实习单位共同组成的“三位一体”的管理体系；在组织实施上，采用二级学院主管、带教老师负责、实习单位组织的管理模式；二级学院在实践实习中发挥着统一组织、协调各实践教学环节的核心作用。

在具体的实践教学安排上，可以根据实习资源情况，尤其考虑学生多样化的需求，可采取不同方式。除了统一组织、安排学生到实践教学基地进行“指导性实习”外，也可鼓励学生结合自己的实际情况，自主安排实习计划，主动寻找实习单位进行“自主性选择”实习。

自主性选择实习，可以充分发掘学生及家长的资源，实现学校、家庭和实习单位协同培养、齐抓共管的格局。自主性选择实习，对于学生充分结合其职业发展规划及其兴趣爱好，调动学生投身于实习活动中的能动性；对于培养学生的自我教育、自我管理和自我服务意识，具有

验证和助推作用。但是，自主实习也离不开严密的制度保障，否则容易诱发学生实习选择时的机会主义倾向，使部分学生的实习流于形式。需要采用实习单位盖章确认、家长签字确认、带队老师监管、辅导员电话认定、学校抽检、实习单位的老师鉴定、学生递交实习报告、学校和实习单位给定成绩等方式加以综合管理和有效监控。

2. 实践教学质量监控

对于各类实践教学的质量监控，可采取两类管理方法：列入教学计划的实践教学活动比照理论教学进行管理，重点搞好“三项检查”，即学期初重点检查教学安排情况，期中重点检查教学运行情况，期末重点检查教学效果；未列入教学计划的实践活动采取“项目”管理方式，重点做好立项审查、项目实施的指导和结项评审。

（二）保障体系建设

1. 体制机制保障

切实转变对实践教学的认知，明确实践教学的应有地位，在人才培养方案和教学计划中科学划定实践教学的学分比例，明确教学形式，是实践教学实施的体制保障。同时，要着力构建校内“教”与“学”、校企间联合培养的长效互动机制，将校内多元教学指导与多元实践互动机制与校企间实践教学互动机制有机融合。另外，组织团队，加强实践教学的理论和实证研究，强化实践教学的经验学习与交流，也是实践教学活动开展的重要方面。

2. 制度保障

为保证实践教学活动正常有序开展，需要制定涵盖各实践实习环节的管理制度、质量标准、工作规范和岗位职责在内的一系列规章制度，对实验实训、校内外实习、毕业论文等计划内的“指导性”实践教学活动进行全程管理。对“自主性”实践教学活动，除实施“项目管理”外，可通过设立基金资助和奖学评优结合的办法，保障活动的正常开展。

通过制度化的考核，对指导学生实践教学做出突出贡献的教师给予必要的制度化激励。将教师的常规教学考核与额外指导贡献挂起钩来，将教师的一般劳动贡献与创造性、展示型指导成果区别开来，将有利于实践教学活动的全方位展开和持续深入发展。

3. 经费保障

加大实践教学的经费投入是实践教学开展的重要物质条件。(1) 要加大实验实训中心的经费投入；(2) 要加大实习经费，尤其是基地维护经费的投入；(3) 要设立专项基金，对各类实践教学，尤其是社会实践活动予以资助，如建立学科竞赛基金、主题性社会实践专项经费、创新创业专项基金等；(4) 要建立精神和物质性奖励相结合的社会实践带教指导激励机制，对做出突出贡献的教师基于常态化的物质激励，如年度考核奖励等；(5) 对表现优秀的学生，按照一定标准、比例，实施精神和物质结合性奖励，要特别注意对在学术活动、竞赛活动等自主性实践活动中表现优异的充分激励。

4. 师资保障

健全的师资队伍是实践教学组织实施的关键。通过逐步推动教师践习，提高教师实践活动的指导能力；通过协调与调动思政和管理师资，整合校内实践教学队伍；通过实行特聘教授和客座教授制度，打造校外教学团队。通过这些措施，努力实现校内队伍整齐化、校外师资团队化、校内师资资源双师化、校外团队资源校内化。

5. 实习条件保障

充足的实验室，尤其是充足的实习基地，是保障实习活动正常开展的前提条件。如何以各级地方政府为推手，建立校企双方互利互惠的校企互动平台，使地方政府和企业得到充分激励，从而充分调动其参与教育教学建设的积极性，是需要认真研究并处理好的重要问题。同时，要注意保持实习基地的数量和容量，不断拓展新的资源，确保每个应实习学生的平等实习条件和实习机会，也是需要进一步研究并认真解决好的问题。给予实习单位负责人以应有的角色定位和必要的待遇，同样不能忽视。

参考文献

一、中文部分

[1] 边文霞:《本科教学模式与大学生学习能力、就业能力关系研究》,首都经济贸易大学出版社 2012 年版。

[2] 常婉舒:《社会人才需求模式与高校育人模式的辩证对接》,《辽宁广播电视大学学报》2012 年第 2 期。

[3] 陈解放:《合作教育的理论及其在中国的实践》,上海交通大学出版社 2016 年版。

[4] 陈丽:《构建个性追求品质》,重庆大学出版社 2013 年版。

[5] 陈佩华:《高职生就业能力的构成及培养》,《职教论坛》2012 年第 11 期。

[6] 陈新亮:《地方高校增强服务社会职能研究》,湖南人民出版社 2014 年版。

[7] 陈艳秋、李鸣欣:《以社会需求为导向创新高校人才培养模式的研究》,《吉林师范大学学报》2012 年第 6 期。

[8] 董盈盈:《关于我国大学生实践能力及培养的研究》,华东师范大学论文,2007 年。

[9] 郭荆、葛金虎:《基于层次分析法的高校毕业生就业前景评价模型研究》,《西安石油大学学报》2011 年第 3 期。

[10] 国务院办公厅:《关于做好 2013 年全国普通高等学校毕业生就业工作通知》,2013 年。

[11] 侯玲玲:《地方高校经管类本科生专业实践能力提升途径研究——以 A 大学为例》,江西工业大学论文,2014 年。

[12] 胡永青:《大学生就业能力结构与社会需求的差异研究》,《国家教育行政学院学报》2014 年第 2 期。

[13] 胡玉龙、唐志强等:《普通心理学》,人民教育出版社 2002 年版。

[14] 黄士安、上官飞:《大学生就业能力与社会需求匹配状况分析——基于江西高校的调查》,《南昌航空大学学报(社会科学版)》2013 年第 4 期。

[15] 黄炜、方玖胜:《基于层次分析法大学生就业质量影响因素评价研究》,《湖南文理学院学报(自然科学版)》2010 年第 21 期。

[16] 蒋黎妮、郑世林:《层次分析法在高校毕业生就业质量评价指标体系中的应用研究》,《中国教育技术装备》2015 年总第 20 期。

[17] 焦丽娟:《大学生就业能力的培养策略》,《价值工程》2013 年总第 15 期。

[18] 黎安娟:《高校人才培养与社会需求研究》,《经营管理者》2014 年第 3 期。

[19] 李冬红、毛静、朱凌云:《大学生就业竞争力的模糊综合评判》,《中国大学生就业》2005 年第 2 期。

[20] 李恩平、牛冲槐、董国辉:《大学生就业能力的结构维度探讨与对策建议》,《生产力研究》2010 年第 3 期。

[21] 李庆恒、尚鹏飞:《社会人才需求模型研究》,《商场现代化》2006 年第 10 期。

[22] 李梓房:《知识结构与知识型企业成长》,经济日报出版社 2008

年版。

[23] 刘妮:《湖南省高校毕业生就业现状的分析与对策研究》,湖南师范大学论文,2014 年。

[24] 马黎、柳兴国、庄锴:《当代大学生就业能力评价体系研究》,《山东女子学院学报》2012 年第 3 期。

[25] 麦肯锡公司:《中国人才发展报告》,社会科学文献出版社 2010 年版。

[26] [美] 帕特丽夏・威奈尔特:《就业能力——从理论到实践》,中国劳动社会保障出版社 2004 年版。

[27] 宋立秋:《试论改革开放以来中国高校人才培养与劳动力市场的对接》,《中国外资》2013 年第 12 期。

[28] 孙蕾:《高等教育大众化条件下我国大学生就业政策的研究》,南京林业大学论文,2007 年。

[29] 孙琳、谢璨:《浅析我国高等教育结构的调整——基于当今社会人才需求的变化》,《科教导刊》2010 年第 1 期。

[30] 谭诤:《大学生就业能力概念辨析》,《江苏高教》2010 年第 4 期。

[31] 汪怿:《就业能力:促进高校毕业生就业的重要方向》,《教育发展研究》2005 年第 4 期。

[32] 王鹤岩、张志顺、徐晓宇:《现阶段我国高校人才培养模式现状及其改革途径探析》,《教育教学论坛》2013 年第 12 期。

[33] 韦幼玲:《论我国农业现代化发展之路》,《农业经济》2013 年第 5 期。

[34] 卫铁林:《基于 AHP 的高校毕业生就业质量评价模型构建》,《郑州航空工业管理学院学报》2013 年第 4 期。

[35] 文东茅:《我国高校扩招对毕业生就业影响的实证分析》,《高等教

育研究》2005 年第 10 期。

[36] 伍亚华、王永斌、石亚中:《基于层次分析法的大学毕业生就业质量评价模型》,《蚌埠学院学报》2014 年第 2 期。

[37] 邢德刚:《国外高校毕业生就业模式研究》,《教育研究》2009 年第 10 期。

[38] 熊书银、黄登婕:《大学生就业与就业能力培养》,《重庆工业高等专科学校学报》2006 年第 1 期。

[39] 阎国华、邹放鸣:《大学与社会的共轭: 人才培养与社会需求间的适度关系研究》,《东北大学学报》2013 年总第 16 期。

[40] 杨昱梅、李继娜:《基于 AHP 和 BP 神经网络的高校毕业生就业质量评价研究》,《教育理论研究》2015 年第 7 期。

[41] 张丽华:《大学生就业能力结构及发展特点的实验研究》,《教育研究》2005 年第 1 期。

[42] 郑天驰:《大学生就业能力评价方法研究》,北京交通大学论文,2011 年。

[43] 郑晓明:《"就业能力"论》,《中国青年政治学院学报》2002 年第 3 期。

[44] 周华全:《基于层次分析法的高校毕业生就业竞争力研究》,《中国校外教育》2014 年第 4 期。

[45] 庄文举:《关于解决高校人才培养与社会人才需求之间矛盾的对策研究》,《新疆教育学院学报》2005 年第 3 期。

二、英文部分

[1] Chih-Yi, Wu. "An Investigation of Employability, Employability Skills and WorkplaceCompetencies of Students Enrolled in Higher

Education, Contemporary". *Educational Research Quarterly*, 2012(6).

[2] Harvey Lee. "Defining and Measuring Employability". *Quality in Higher Education*, 2010, 7(2).

[3] Heather K.S. Laschinger & Greta Cummings. "A time-lagged study of new graduate nurses' transition to practice". *International Journal of Nursing Studies*, 2016, (21).

[4] Knight, P. & Yorke, M. *Employability through the curriculum*. Skill plus project Report, 2001.

[5] Maria Kuteeva. "Graduate students' genre knowledge and perceived disciplinary practices". *English for Specific Purposes*, 2016, (41).

[6] Schroeder, Fredric K. "Workplace issues and placement: What is high quality employment?". *Work*, 2007, 29(4).

[7] Yorke, M, *Knight*, *RT-Embedding Employability into the curriculum*. Higher EducationAcademy, 2004.

附　录

用人单位对大学生的社会需求与培养质量调查问卷

尊敬的领导：

您好！兹有我院毕业生在贵单位工作。为了深化人才培养模式改革，不断提高人才培养质量，我们特进行本次问卷调查。感谢您能抽出宝贵的时间，依据我院毕业生真实情况填写本问卷，并及时反馈问卷。本次调查结果将作为我们教育教学改革的重要依据，您的问卷填写情况我们将严格保密。十分感谢您对我院教育教学改革工作的支持！

上海政法学院经济管理学院

一、基本情况

1. 单位的性质：

① 党政机关　② 事业单位　③ 国有企业　④ 私营企业　⑤ 三资企业　⑥ 其他

2. 您目前就职单位的从业人员数量为：① 2 000 人以上　② 300～2 000 人　③ 300 人以下

3. 您的职务：

① 高层管理者　② 中层管理者　③ 基层管理者

4. 根据您的工作经验，您最看重毕业生的

① 知识结构　② 能力结构　③ 个性品质　④ 所学专业　⑤ 毕业院校　⑥ 学习成绩

二、社会需求

5. 根据您的工作经验，为下列知识的重要性打分。

请在表格中打√，或填数字。5 为最重要，4 为较重要，3 为一般，2 为不重要，1 为最不重要

知　识　结　构	5	4	3	2	1
学科专业类知识					
计算机和外语等基本技能					
通识类知识					
专业相关的法律类知识					

6. 根据您的工作经验，为下列知识的重要性打分。

请在表格中打√，或填数字。5 为最重要，4 为较重要，3 为一般，2 为不重要，1 为最不重要

知　识　结　构	5	4	3	2	1
基础理论类知识					
会计类知识					

续 表

知 识 结 构	5	4	3	2	1
市场营销类知识					
金融投资类知识					
国际贸易类知识					
人力资源类知识					
生产管理类知识					

7. 根据您的工作经验,为大学生应具备的能力排序。

请在表格中打√,或填数字。5 为最重要,4 为较重要,3 为一般,2 为不重要,1 为最不重要

能 力 结 构	5	4	3	2	1
学习能力					
沟通能力					
表达能力					
分析能力					
组织能力					
应变能力					
创新能力					

8. 根据您的工作经验,为大学生个性品质的重要性打分。

请在表格中打√,或填数字。5 为最重要,4 为较重要,3 为一般,2 为不重要,1 为最不重要

个 性 品 质	5	4	3	2	1
情商水平					
诚实守信					
组织纪律					
团队意识					
敬业精神					
吃苦精神					
果断自信					

三、培养差异

9. 请您对教学环节和人才培养环境的重要性排序。

请在表格中打√,或填数字。5为最重要,4为较重要,3为一般,2为不重要,1为最不重要

	5	4	3	2	1
课程体系(课程安排)					
师资力量					
教学方式方法					
实训实践					
第二课堂(课外活动)					
教风学风					

10. 您认为我院毕业生在实际工作岗位中最欠缺的知识是什么,请按重要性打分。

请在表格中打√，或填数字。5为最重要，4为较为重要，3为一般重要，2为较不重要，1为不重要

知识差异	5	4	3	2	1
基础理论					
管理知识					
行业背景知识					
相关法律知识					
外语					
通识知识					
计算机知识					

11. 您认为我院毕业生在素质能力培养上应加强哪些方面的锻炼和培养，请按重要性打分。

请在表格中打√，或填数字。5为最需要，4为较需要，3为一般，2为较不需要，1为不需要

能力差异	5	4	3	2	1
社会交往和沟通能力					
组织管理能力					
学习能力					
口头与文字表达能力					
创新创业能力					
分析判断能力					

续 表

能 力 差 异	5	4	3	2	1
职业奉献精神					
团队协作精神					
诚实守信品质					
独立工作能力					

12. 您认为我校在教学方式方法上哪些需要改进，请按重要性打分。

请在表格中打√，或填数字。5 为最需要，4 为较需要，3 为一般，2 为较不需要，1 为不需要

培养方法差异	5	4	3	2	1
产学合作培养不足					
与社会经济发展实际相脱节					
未充分利用信息技术手段					
培养方式方法单一					
教师缺少专业实践经历					
实践实训设施落后					
校风、教风、学风不严谨					

13. 与其他同类院校毕业生相比，您认为我院毕业生的优势是什么？

请在表格中打√，或填数字。5 为最明显，4 为较明显，3 为一般，2

为较不明显,1 为不明显

院 校 差 异	5	4	3	2	1
基础理论知识					
专业知识					
通识知识					
英语水平					
计算机水平					
动手能力					
适应能力					
发展后劲					
综合素质					

14. 与其他同类院校毕业生相比,您认为我院毕业生不足是什么?

在表格中打√,或填数字。5 为最明显,4 为较明显,3 为一般,2 为较不明显,1 为不明显

院 校 差 异	5	4	3	2	1
基础理论					
专业知识					
通识知识					
英语水平					
计算机水平					
动手能力					

续 表

院校差异	5	4	3	2	1
适应能力					
发展后劲					
综合素质					

15. 贵单位最紧缺的人才是：________________________________（可多选）

① 一线专门技能人才 ② 一线通用(复合)人才 ③ 研究开发人才 ④ 基层管理人才 ⑤ 中高层管理人才

16. 您认为我院大学生培养规格的定位应该是：________________________________（单选）

① 一线专门技能人才 ② 一线通用(复合)人才 ③ 研究开发人才 ④ 基层管理人才 ⑤ 中高层管理人才

17. 其他意见

为了便于和您保持联系，请留下您的联系方式！

姓名：

电话：

微信：

QQ：

电子邮件：

工作单位：________________________________（请盖章）

谢谢您的配合！

毕业生跟踪调查问卷

尊敬的上海政法学院经济管理学院校友：

您好！为了了解社会对经管类人才需求情况和我学院毕业学生走向社会后的就业情况，深化人才培养模式改革，不断提高人才培养质量，我们特进行本次问卷调查。感谢您能抽出宝贵的时间，依据个人真实情况填写本问卷，并及时反馈问卷。本次调查结果将作为我们教育教学改革的重要依据，您的问卷填写情况我们将严格保密。十分感谢您对我院教育教学改革工作的支持！期待您回访母校。

上海政法学院经济管理学院

一、基本情况

1. 您的工作年限为：

① 1 年　② 2 年　③ 3 年　④ 4 年　⑤ 5 年　⑥ 6 年

2. 您目前就职单位的从业人员数量为：

① 2 000 人以上　② 300～2 000 人　③ 300 人以下

3. 您目前从事的工作职务是什么：

① 高层管理者　② 中层管理者　③ 基层管理者　④ 一般员工

4. 您目前的工作岗位是什么：

① 管理岗位　② 财务管理　③ 市场销售　④ 人事管理　⑤ 生产管理　⑥ 信息管理　⑦ 其他

5. 您目前税后每月薪金是多少：

① 3 000 元以下　② 3 000～5 000 元　③ 5 000～7 000 元

④ 7 000～10 000 元 ⑤ 10 000 元以上

二、社会需求

6. 根据您的工作经验，您认为用人单位最看重毕业生的________________（单项选择）

① 知识结构 ② 能力结构 ③ 个性品质 ④ 所学专业 ⑤ 毕业院校 ⑥ 学习成绩

7. 根据您的工作经验，为下列知识的重要性打分。

请在表格中打√，或填数字。5 为最重要，4 为较重要，3 为一般，2 为不重要，1 为最不重要

知识结构	5	4	3	2	1
学科专业类知识					
计算机和外语等基本技能					
通识类知识					
专业相关的法律类知识					

8. 根据您的工作经验，为下列知识的重要性打分。

请在表格中打√，或填数字。5 为最重要，4 为较重要，3 为一般，2 为不重要，1 为最不重要

知识结构	5	4	3	2	1
基础理论类知识					
会计类知识					

续 表

知　识　结　构	5	4	3	2	1
市场营销类知识					
金融投资类知识					
国际贸易类知识					
人力资源类知识					
生产管理类知识					

9. 根据您的工作经验，为大学生应具备的能力排序。

请在表格中打√，或填数字。5为最重要，4为较重要，3为一般，2为不重要，1为最不重要

能　力　结　构	5	4	3	2	1
学习能力					
沟通能力					
表达能力					
分析能力					
组织能力					
应变能力					
创新能力					

10. 根据您的工作经验，为大学生个性品质的重要性打分。

请在表格中打√，或填数字。5为最重要，4为较重要，3为一般，2为不重要，1为最不重要

个 性 品 质	5	4	3	2	1
情商水平					
诚实守信					
组织纪律					
团队意识					
敬业精神					
吃苦精神					
果断自信					

三、培养差异

11. 请您对教学环节和人才培养环境的重要性排序。

请在表格中打√，或填数字。5 为最重要，4 为较重要，3 为一般，2 为不重要，1 为最不重要

	5	4	3	2	1
课程体系（课程安排）					
师资力量					
教学方式方法					
实训实践					
第二课堂（课外活动）					
教风学风					

12. 您在实际工作岗位中最欠缺的知识是什么，请按重要性打分。

请在表格中打√，或填数字。5 为最重要，4 为较为重要，3 为一般

重要，2 为较不重要，1 为不重要

知 识 差 异	5	4	3	2	1
基础理论					
管理知识					
行业背景知识					
相关法律知识					
外语					
通识知识					
计算机知识					

13. 您认为学校在学生素质能力培养上应加强哪些方面的锻炼和培养，请按重要性打分。

请在表格中打√，或填数字。5 为最需要，4 为较需要，3 为一般，2 为较不需要，1 为不需要

能 力 差 异	5	4	3	2	1
社会交往和沟通能力					
组织管理能力					
学习能力					
口头与文字表达能力					
创新创业能力					
分析判断能力					
职业奉献精神					

续 表

能 力 差 异	5	4	3	2	1
团队协作精神					
诚实守信品质					
独立工作能力					

14. 您认为学校在教学方式方法上需要哪些改进，请按重要性打分。

请在表格中打√，或填数字。5为最需要，4为较需要，3为一般，2为较不需要，1为不需要

培养方法差异	5	4	3	2	1
产学合作培养不足					
与社会经济发展实际相脱节					
未充分利用信息技术手段					
培养方式方法单一					
教师缺少专业实践经历					
实践实训设施落后					
校风、教风、学风不严谨					

15. 您认为下列哪种理论教学方法对能力培养有效，请按重要性打分。

请在表格中打√，或填数字。5为最有效，4为较有效，3为一般，2为效果较差，1为效果差

	5	4	3	2	1
案例教学法					
模拟教学法					
研究型学习法					
讨论(辩论)式教学法					
行为实验法					
系列论文写作考核法					
课程系统讲授法					

16. 您认为下列哪种实践教学活动对能力培养有效?请按有效程度打分。

请在表格中打√,或填数字。5 为最有效,4 为较有效,3 为一般,2 为效果较差,1 为效果差

	5	4	3	2	1
模拟营销大赛					
案例分析大赛					
“五四”论文比赛					
各类学科竞赛					
社团活动					
创新创业项目					
暑期社会实践					
文体活动					

17. 您认为下列哪种实践教学活动对能力培养有效？请按有效程度打分。

请在表格中打√，或填数字。5 为最有效，4 为较有效，3 为一般，2 为效果较差，1 为效果差

	5	4	3	2	1
实训实验课程					
专业见习					
专业实习					
毕业实习					
军事训练					
CEO 系列讲座					
学术讲座					

18. 您认为实践教学在由理论教学与实践教学构成的教学体系中所占的地位是

① 最重要　② 较重要　③ 一般　④ 不重要　⑤ 最不重要

19. 您认为实践教学对能力的影响程度是

① 影响非常大　② 影响较大　③ 影响一般　④ 影响不大　⑤ 影响很小

20. 您认为最有用、最喜欢的课程是

21. 与同类院校相比，您认为我们学校的优势是

22. 与同类院校相比，您认为我们学校的不足是

23. 您收获最大是实践教学课程或教学活动有

24. 您认为在培养方面应该着重哪些方面

25. 其他意见

为了便于和校友们保持联系，请留下您的联系方式！

姓名：

电话：

微信：

QQ：

电子邮件：

工作单位：

单位性质：

① 党政机关　② 事业单位　③ 国有企业　④ 私营企业　⑤ 三资企业　⑥ 其他

谢谢您的配合！

图书在版编目(CIP)数据

人才社会需求与专业培养模式 ：基于实践能力结构均衡发展改革目标视角 / 鲍长生，翁爱治著 .— 上海 ：上海社会科学院出版社，2023
ISBN 978 - 7 - 5520 - 0902 - 6

Ⅰ. ①人… Ⅱ. ①鲍… ②翁… Ⅲ. ①人才需求—研究—中国 ②人才培养—研究—中国 Ⅳ. ①C964.2

中国版本图书馆 CIP 数据核字(2022)第 206441 号

人才社会需求与专业培养模式
——基于实践能力结构均衡发展改革目标视角

著　　者：鲍长生　翁爱治
责任编辑：董汉玲
封面设计：裘幼华
出版发行：上海社会科学院出版社
上海顺昌路 622 号　邮编 200025
电话总机 021 - 63315947　销售热线 021 - 53063735
http://www.sassp.cn　E-mail:sassp@sassp.cn
排　　版：南京展望文化发展有限公司
印　　刷：上海景条印刷有限公司
开　　本：710 毫米×1010 毫米　1/16
印　　张：11.25
插　　页：2
字　　数：150 千
版　　次：2023 年 1 月第 1 版　　2023 年 1 月第 1 次印刷

ISBN 978 - 7 - 5520 - 0902 - 6/C · 222　　定价：68.00 元